JN123493

ダンス・イン・エチオピア

－伝統的ダンスにおけるダンサーたちの創造と実践－

相原 進

Dance in Ethiopia
Creation and Practice by Traditional Dancers
Susumu Aihara

目次

図・表・写真リスト

写真リスト

数式

第 1 章

研究の背景および目的と方法

1.1. 研究の背景と目的

　アフリカにおいて、伝統的ダンス（以下、ダンスと記す）は結婚式、収穫祭、子どもの命名式などコミュニティにおける冠婚葬祭の重要な場面で演じられるとともに、生活のなかでのコミュニケーションや娯楽の手段としても機能している。本研究の目的は、現代のエチオピア都市部における、新たなダンスの継承と表現の創造のあり方に着目し、そのなかでの人びとの実践にかんする記述をとおして、その特徴を明らかにすることである。エチオピアのダンスには地域やダンサーごとの表現があり、冠婚葬祭や社交場など、多様な文脈のなかでダンスが演じられている。このような状況に加え、国の文化的な政策の一環として国立劇場において各民族のダンスが上演されている。近年ではレストランやホテルで、観光客などを対象としたビジネスとしてダンスが演じられており、ダンスをめぐる状況はさらに多様化しつつある。

　これらの状況を踏まえ、ダンスの表現、ダンスがおこなわれる場、社会集団という 3 つの要素の関連に着目して、ダンスの継承と新たな表現の創造にかんする調査をおこなった。

1.2. 調査概要

1.2.1 調査期間

　2017 年 8 月から 2019 年 3 月にかけて本研究にかかわる調査をおこなった。渡航調査は以下の期間に計 4 回、通算 183 日の調査を実施した。
・第 1 回：2017 年 8 月 6 日～2017 年 9 月 22 日
・第 2 回：2018 年 2 月 7 日～2018 年 3 月 22 日
・第 3 回：2018 年 8 月 1 日～2018 年 9 月 20 日
・第 4 回：2019 年 2 月 4 日～2019 年 3 月 15 日

1.2.2. 調査対象

　調査地はエチオピア連邦共和国首都、アディスアベバ特別市であった。調査対象は、エチオピア国立劇場（Ethiopian National Theater、以下、国立劇場と表記）およ

び、市内のダンスを鑑賞できるレストラン4店舗であった。国立劇場では、劇場に所属するダンサー、演奏家、スタッフなどの協力を得て調査をおこなった。調査に際し、アディスアベバ大学エチオピア研究所（Institute of Ethiopian Studies）の研究員として登録したうえで、国立劇場の最高責任者である総監督（General director）および、伝統音楽部門ディレクターから調査許可を得た。

　レストランにかんする調査は、以下の4店舗にておこなった。

・ヨッド・アビシニア（ボレ店）
・ヨッド・アビシニア（オールド・エアポート店）
・2000ハベシャ
・キャピタルホテル

　上記4店舗を選んだ理由として、ヨッド・アビシニアおよび2000ハベシャはアディスアベバを代表するレストランとして、現地の人びとに広く知れ渡っているという点が挙げられる。キャピタルホテルはアディスアベバを代表するホテルのひとつである。2018年8月にダンスを鑑賞できるレストランを開店することになり、開店時期に合わせて調査を開始した。筆者から各店舗の現場責任者にたいし調査の概要を説明し、関係者への聞き取りおよび上演の様子の撮影許可を得たうえで調査をおこなった1。

1.2.3. 調査方法

　おもな調査方法は、国立劇場およびレストランに所属するダンサー、スタッフなどへの聞き取り、観察、映像による記録である。国立劇場では月曜日から金曜日の午前中に練習がおこなわれる。本研究では練習の様子を観察・録画することで記録をおこなった。定期公演や政府関連イベントでの公演では、国立劇場の伝統音楽部門ディレクターに問い合わせたうえで、許可された範囲内で、関係者への聞き取りおよび撮影をおこなった。

　レストランでの調査では、関係者と相談した結果、営業時は定点観測および定点からの映像撮影のみ許可された。関係者への聞き取りをおこなう際は、日を改めて、現場での記録をもとに聞き取りをおこなうことになった。個々の調査については、各章の本文中または脚注にて、随時その詳細を示す。

　第3回、第4回の渡航調査時には、調査の一環として国立劇場所属の男性ダンサーのウェグデラス から、毎日約1時間のダンスレッスンを受けた。レッスンは国立劇場の演目にかんする基本的な動作をひとつずつ習得する形でおこなわれた。このレッスンにより、ダンスの動作の特徴を把握するとともに、習得方法にかんする考察を進めることができた。

---

1 事前調査として、アディスアベバでダンスを鑑賞できるレストランを11店舗チェックした。しかし立地的に治安の不安がある場合や調査許可を得られなかったことなどにより、本調査をおこなえたのは上記4店舗となった。

1.3　調査地概要

1.3.1　エチオピア連邦民主共和国

　図 1.1 と図 1.2 に、エチオピアおよび調査地の位置を示す。エチオピアの自然は多様である。高度差は海抜 4260m からマイナス 116m までにおよび、地域によって気候や植生のちがいが大きい。海抜約 1800m を境に、北部の高地と南部の低地に分けられる。高地は 1 年をとおして高原性気候である。6 月中旬から雨季となり、10 月から乾季が始まる。低地はほとんど雨が降らず、砂漠気候やサバナ気候に分類される。国土面積は 109.7 万㎢、人口は 1 億 240 万人である。アムハラ（Amhara）、オロモ（Oromo）など 80 以上の民族が存在する多民族社会である。公用語はアムハラ語と英語であるが、100 を越す言語が存在すると考えられている（小森・米田 2014）。アムハラ語には「フィダル」という独自の表音文字があり、独自の言語文化を有している。エチオピアでは独自の暦がもちいられており、西暦の 9 月 11 日を新年とし、30 日ごとの月が 12 ヶ月あり、最後の 5 日（閏年は 6 日）が 13 番目の月となる。宗教はエチオピア正教のほか、カトリック、プロテスタント、イスラム教などが信仰されている。現在の首都はアディスアベバ特別市である。

　2016 年の国民総所得(GNI)は 675 億米ドル、GDP をもとにした経済成長率は 7.6%、物価上昇率 9.5%、失業率 16.5% である。主要な産業は農業で、おもな農作物は、

図 1.1　エチオピアの位置

穀類、コーヒー、豆類、根栽類などである。国内に金、銀などの鉱脈を有するが発掘量は限られており、資源に頼らない工業化が進展しつつある。

エチオピアの歴史について、国立劇場やアディスアベバのダンスにかかわるものとして、ここでは帝政、社会主義政権、現政権へと政治体制が変遷したことに触れておく。1270 年から 1974 年までエチオピア帝国の時代が続いた。当時、アムハラ人が帝国の支配者階級であり、彼らは国家を旧約聖書に登場するソロモン王の系譜に位置づけることで、みずからを権威付けようとした。19 世紀以降は列強諸国との争いが続いた。1936 年にイタリアの侵攻を受け、5 年間、イタリア領東アフリカとして占領下に置かれた。しかし 1941 年、イギリスに亡命していた皇帝ハイレ・セラシエ I 世が帰国して国家を再建した。1974 年、革命によって帝政は終わり、メンギスツ・ハイレマリアムによって社会主義政権が樹立された。

1991 年にメンギスツ政権はエチオピア人民革命民主戦線（Ethiopian People's Revolutionary Democratic Front、略称 EPRDF）によって打倒され、1995 年に連邦制共和国となり、第 1 回国政選挙によってメレス・ゼナウィが首相に就任した。2012 年 8 月にメレスが死去し、副首相であったハイレマリアム・デサレンが首相に就任した。2018 年 8 月にハイレマリアムが辞任し、同年 9 月にオロモ人のアビィ・アハメド・アリが首相に就任した。アビィは民族問題、外交問題などに積極的に取り組みつつ、閣僚の半数以上に女性を起用するなどの先駆的政策によって支持を集めている。エチオピアはイタリアによる占領期があったものの、植民地化を免れたがゆえに多様な言語や文化が今日まで伝わることになったという点において、アフリカでは稀有な歴史を歩んできたと言える。

図 1.2　アディスアベバの位置

1.3.2　エチオピアおよび首都アディスアベバにおけるダンス

エチオピアではそれぞれの民族に固有のダンスが継承されており、冠婚葬祭などのコミュニティにおける重要な場面や人びとの交流の場においてダンスが演じられる。レストランや居酒屋などでは、客どうしが即興でダンスを披露しあう光景を日常的に見ることができる。

首都アディスアベバにおいては、国立劇場、ハガル・フィキル・シアター（Hager Fikir Theater）、ラス・シアター（Ras Theatre）、シティ・ホール（City Hall）の 4 つが格式ある劇場とされている。これらの劇場では定期公演、祝祭日の催し、政府関連のイベントなどのなかでダンスがおこなわれている。市内各所にあるホテルやレストランなどでも、併設されたステージでダンスを鑑賞できる。メディアではさまざまな民族のダンスと音楽を取り入れたミュージックビデオが毎日のように流れており、近年では、民族のダンスを取り入れたパフォーマンスをおこなうアイドルグループがメディアなどで活動している（これについては第 7 章で取り上げる）。新年には、男子は「ホイヤホイエ」という棒をもちいた歌とダンスを披露しながら家々を周る習慣がある。女子も着飾って「アベバイオシュ」という歌とダンスを披露しながら家々を周ることで小遣いを得ることができる。このような習慣が今日でも色濃く残っており、アディスアベバの人びとが、子供の頃からダンスに慣れ親しんでいる様子をみることができる。

ガーナ共和国など他のアフリカの地域の都市部における研究では、人びとの娯楽が多様化するなかで、ダンスがおこなわれる機会が減少していることが報告されている（遠藤他　2014）。しかしエチオピアでは、経済発展や情報化の進展のなかで、楽しみ方や演じられ方が多様化していると考えられる。

エチオピアのダンスにおける代表的な動作とされているもののひとつが、アムハラ人のエスケスタである。エスケスタでは肩を上下、前後に動かしたり、回転させたりして、その動きの美しさを競い合う（Vadasy 1970）。アムハラ以外では、グラゲ人（Gurage）による農耕動作を模した動作と軽快なステップをおこなうダンス、オロモ人による牧畜の際にもちいた棒を使ったダンス、ガモ人（Gamo）による槍を使った狩猟の動作を取り入れた勇壮なダンスなどがある。しかし多民族社会ゆえに、いずれかひとつをもってエチオピアを代表させることはできない。

1.4　エチオピアのダンスをめぐる歴史と政治

1.4.1　文化政策

エチオピアの文化政策の基本方針は、文化観光省（Ministry of Culture and Tourism）の「文化政策 2016」（Cultural Policy 2016）に定められている。文化政策では、文化の保護・発展による国民のアイデンティティの強化と、民族・文化の多様性を国民が知ることが国家の調和と統合につながると述べられている。そしてエチオピアの

文化と民族の多様性にかんする調査研究を進め、教育と保存をつうじて次世代へ文化を継承するという方針が示されている。

　「文化政策」の特徴のひとつが、エチオピアに伝わる住居、文化、祝祭などの伝統資源（heritage resources）2を経済振興に活用することを掲げている点である。巻頭言では、既存の文化政策では経済振興とのかかわりが手薄であったことに言及しており、文化の多様性が経済発展および国外からの投資の呼び込みにつながることと、伝統資源を活用した経済活動の促進が述べられている。本書の第 6 章でもダンスを鑑賞できるレストランを調査対象としているが、このような事業は、重要な観光資源のひとつとして注目されている。

　「文化政策」では文化をつうじた外交の促進についても述べられており、そのためにエチオピアのさまざまな民族・地域における伝統資源について調査し、エチオピア人および外国人観光客が伝統資源にアクセスできるようにする方針が示されている。さらに文化政策における民間セクターの役割として、ナイトクラブ 3には国家の文化的価値と良いイメージを支えるという利点があり、民間の劇場への投資を進めることが述べられている。

1.4.2　国立劇場の歴史と政治的背景

　国立劇場は、1946 年、オーケストラによる音楽などを上演する場として発足した（遠藤 2004）。現在の国立劇場は 1955 年に皇帝の名を冠した「ハイレ・セラシエ I 世劇場」として建設された。当時のエチオピアは、皇帝の主導する近代化政策がとられており、メディアをつうじて国外からの情報も入手しやすくなっていた。このような急激な国際化の影響がエチオピア古来のダンスや民族音楽にもおよぶことを懸念したエチオピアの芸術家や知識人たちは、エチオピアの伝統的なダンスや音楽の保護と次世代への継承を企図するようになった。

　国立劇場における伝統的ダンスの歴史は、同劇場の 60 周年記念冊子（以下『60年史』と記す）に詳しく示されている（Ethiopia National Theater Public Relation Department 2015）。1958 年、国立劇場において伝統的ダンスのチームが結成された。エチオピアの文化を紹介するために、スーダン、ソビエト連邦、中国などで公演をおこなった。当時の団員は年次契約であり、年金の支給をめぐる問題もあり身分的に不安定であった。

　1974 年に帝政が打倒され、社会主義政権に移行した。『60 年史』には当時の団員

---

2 「文化政策」ではほぼ一貫して伝統資源（heritage resources）という語がもちいられており、ダンスに直接言及することはほとんどない 。「教育の促進」の項で初めて、ダンス、音楽、演劇の教育を促進することが示されている。ダンスに直接言及しないのはナイジェリア、ガーナの文化政策でも同様である。

3 ダンサー、歌手、演奏家たちの日常会話では、ダンスを鑑賞できるレストランをナイトクラブと呼ぶ場合がある。文化政策ではこの語が用いられている。

たちも帝政打倒の運動に参加したことが記されている。上演内容には政府の検閲が
入ったが、社会問題にたいする批判的な表現はできたとされている。団員は常勤職
員となり、年金の保障もされたことで身分が安定した。さらに国立劇場以外の伝統
的ダンスのグループであるゴンダール・ファシレデス（Gondar Fasiledes）、ゴッジ
ャム・ゲシュ・アバイ（Gojjam Gesh Abay）、ウォロ・ラリベラ・バンド（Wello Lalibela
Band）を支援し、彼らに国立劇場の常勤職員としての身分と給与をあたえ、年金の
支給を認めることでダンスの振興を図った。3つのグループは、その名のとおりゴ
ンダール、ゴッジャム、ウォロを活動拠点としていた。それぞれのグループ名に冠
した地域のダンス以外にもグラゲ、オロモ、ガンベラ、ティグレ、コンソのダンス
も演じたが、もっとも得意としたのはアムハラの演目であった[4]。

　1991年にメンギスツ政権が打倒され、現在に続く政治体制に移行した。『60年史』
によると、以後は検閲がなくなり、観客にたいし劇場が上演内容を決められるよう
になったとしている。当時の演目について、1997年に「クイーンシバ・エチオピ
ア民族舞踊団」[5]の日本招聘事業をおこなった松田は、公演の内容が「ウォロ、ゴ
ッジャム、ゴンダールに代表されるアムハラのダンスが強調されすぎている」点に
触れ、「エチオピア民族舞踊団といいつつ、実はアムハラ民族舞踊団に等しい」と
述べている（松田 1998：34）。そのうえで「（エチオピア西部の）ガンベラのアニ
ュワ人のものとして上演されたダンスなど、明らかに、都市に暮らす高地人の差別
意識が作り出した創作にすぎない。下品で、猥雑で、野蛮な、嘲笑の対象として演
出されたダンス」であったと評価した（松田 1998：35）。

　2001年から2016年までの国立劇場の監督官庁は若者・スポーツ・文化省（Ministry
of Youth, Sports & Culture of Ethiopia）であり、同省によって制定された方針のもと
で国立劇場は運営されていた。2016年以降は省庁再編により文化観光省が監督官
庁となった。

　2012年以降、国立劇場は財政などの運営面では監督官庁の管理下に置かれ続け
ているが、演目の選択および各民族のダンスや音楽などの調査を、国立劇場が独自
に方針を決めておこなえるようになった。既存の演目の偏りを改善するため、エチ
オピア東部のハラリの民族、音楽、ダンスにかんする調査がおこなわれた。さらに
中西部のグラゲの調査を実施し、グラゲの女性の伝記をもとにした演劇「イェカ
ケ・ウォルドット」（Yekake Wordot）を舞台化した。次いでバルタ、コレ、バスケ
トなどの少数民族にかんする調査もおこなわれた。本研究で取り上げるシダマ（第
5章）とアリ（第7章）も、調査を経て創作された新演目のひとつである。

---

4 ゴッジャム・ゲシュ・アバイに所属した女性ダンサー、エレイネイによる証言。
5 舞踊団のメンバーは、国立劇場および一流ホテルに所属しているダンサーで構成されてい
た（松田 1998）。

1.5　エチオピアのダンスにかんする先行研究

　ダンスを対象とした研究は、芸術学、人類学、民俗学、歴史学、社会学、教育学
など、さまざまな領域でおこなわれている 6。近年ではダンスの記録・分析におい
て、スポーツ科学や統計学がもちいられることもある。

　日本では舞踊学会、藝能史研究会などを中心にダンス研究がおこなわれている。
舞踊学における定義のひとつとして、舞踊（ダンス）を「感じのあるひと流れの動
き」とするものがある（片岡 1989）。この定義では、ダンスは動物などが本能的に
おこなう動作とは異なるものであり、ダンスには表現者の意図が明確に込められて
おり、それが動作によって表出していることを「感じのある」としたうえで、ダン
サーの意図にもとづいた一連の動きをダンスであるとしている。そしてそのような
了解のもとで、さまざまな学問領域からダンスにアプローチするという方法が取ら
れている。2012 年からは中学校の体育教育においてダンスが男女共修となったこ
とにより、教育との関連への関心が高まっている。ダンスを応用したアウトリーチ
活動など、ダンスと社会との関係についての実践的な研究も進んでいる。

　アフリカのダンスの教育・研究は、国や地域によってその進展の度合いが異なる。
これまで筆者が調査をおこなってきた地域を例に挙げると、西アフリカのガーナ共
和国では、ガーナ大学とガーナ国立劇場が主導して、各民族のダンスの調査と記録、
指導法にかんする研究、欧米のダンスなどを取り入れた新しい表現の創造などが進
められている（Younge 2011）。国立劇場を有しているという点ではナイジェリア連
邦共和国も同様で、ベニン大学、ラゴス大学、イフェ大学などにおいてダンスの研
究と教育が進められている。一方、東アフリカのケニア共和国では、国立劇場は貸
し館営業のみがおこなわれておりダンスの保存・継承のための拠点として機能して
おらず、主要な大学でもダンス教育は進んでいない（相原他 2018）。タンザニア連
合共和国には国立劇場がなく、大学教育のなかで専門的にダンス教育がおこなわれ
る機会も少ない。しかし地域社会に根ざしたコミュニティセンター主導で、職業教
育のひとつとしてダンス教育がおこなわれている事例もある（相原 2016）。

　エチオピアのダンス研究については、先述した国立劇場における調査にも見られ
るように、今後さらなる研究が望まれる状況にある 7。エチオピアは国立劇場を有
している点ではガーナなどと同様であるが、大学におけるダンスにかんする研究・
教育がほとんど進んでおらず、国立劇場と大学との連携もおこなえていない。

　エチオピアにおけるダンス研究は、ハンガリー政府の協力のもとでおこなわれた

---

6 「舞踊」という語は、坪内逍遥が「ダンス」の訳語としてもちいたのが最初である（片岡 1989）。
舞踊学関連の研究では「舞踊」「ダンス」の双方の語がもちいられている。教育指導要領にお
いても「ダンス」という語がもちいられており、「ダンス」が使われる機会が増えつつある。
7 アフリカのダンス研究については、遠藤が定期的に舞踊人類学などの動向を紹介している
（遠藤 1989、遠藤 1999）。そのため、本研究ではエチオピアのダンス研究に焦点を当てて記
述している。

一連の調査研究に始まる。1964年以降、ハンガリー人のダンス研究者サロシ（Sarosi）とマーティン（Martin）がエチオピア各地に出向き、さまざまなダンスと音楽を記録し、それぞれの動作などの違いについて考察した（Sarosi 1966, Martin 1967）。1970年、1971年、1973年には、ハンガリー人の研究者でありダンサーでもあったヴァダシィ（Vadasy）が、エチオピア各地での調査をもとに3本の論文を著した。ヴァダシィは各地のダンスの動作や演じられる状況にかんする記録をおこない、そのうえでマーティンとサロシによる比較方法を踏まえ、個々の動作を類型化してそれらの特徴を考察した（Vadasy 1970）。たとえばアムハラ人のダンスであるエスケスタについて、地域による相違があること、移動方向（前後、左右）の違いがあること、肩の動かし方の相違（前後の動き、上下の動き、前から後ろへ回転させる動き）があることを明らかにした。そのうえで、エスケスタの特性として、①1人で踊るというソロ性、②はじめはゆっくりで、少しずつ速くなるクレッシェンド性、③どちらが速く肩を動かせるか、どちらが高く飛び上がれるかを競いあう競技性という3点を指摘した。ヴァダシィは生活環境とダンスとの関連についても考察しており、たとえばアムハラ人とグラゲ人のダンスについて、両者にソロ性と競技性がみられる理由として、生活環境が類似していることを指摘した（Vadasy 1971）。

　さらにヴァダシィはアディスアベバの公立の音楽学校であるヤレッド・スクール・オブ・ミュージックにおいて、エチオピアで初めて民族ダンスの講義をおこない、エチオピアのダンス教育においても重要な役割を果たした。しかしヴァダシィ以後、公的な教育機関において、民族ダンスの講義がおこなわれた記録は残っていない。

　1980年代には、キンバリンによってエチオピア正教などの音楽とダンスにかんする研究がおこなわれた（Kimbarin 1980）。キンバリンは、フィールドワークをもとに音楽家の社会的地位や楽器の種類、エチオピア正教における礼拝、エチオピアと日本の音楽の類似性、歌詞と政治との関係、長時間の楽器演奏とダンスがおこなわれる場における観客と音楽家との関係などを考察した。

　1990年代以降、日本人によるエチオピアのダンスと社会にかんする研究がおこなわれた。松田は、エチオピア西南部の採集民コエグ（Koegu）の生活様式と若者の歌やダンスを調査し、彼らの歌やダンスを内容にもとづき分類し、計量的に分析した（松田 1992）。さらに彼らのダンスを「儀礼的なドラマ」としてとらえ、ダンスの形態と歌とが3つの段階に変遷しながらひとつのメッセージを作っていく過程を考察した。池田は、グラゲ地方での調査をもとに、ダンスが神への祈りとして重要であることや、生業形態との関連を分析した（池田 2000）。バーバリッチは、みずからが現地でダンスを学ぶことをつうじて、さまざまな地域におけるダンスの特性を考察した（バーバリッチ 1998）。

　遠藤は、ダンサーたちのプロ化に着目し、ダンスを表現する場がコミュニティから、ホテルやレストランなどのステージへと移っていく過程を描き出した（遠藤

2001，2004）。さらにエチオピアのダンサーからダンスの基本的な動作を学んだうえで、その特性にかんして以下の 2 点を指摘している。ひとつは、アディスアベバがあるショア地方を中心にして北部と南部地方と分けて、それぞれの特性を述べることができることである。北部地方はおもに上半身、その中でもとくに肩を中心に動かすエスケスタであり、南部地方はおもに下半身を中心に動かしジャンプするダンスに分けられるとしている。もうひとつは、エチオピア北部の自然環境やエスケスタの練習時に発せられる水にかかわる言葉、さらにエスケスタを実践することで得られた身体感覚をもとに、エスケスタにおいては、水の動き、波、雨などの動きをシンボリックに表現し、自然の恵みへの感謝が表れていると推察している 8。

　川瀬は、北ゴンダールにおけるアズマリ・ベット（伝統的な居酒屋の一種）におけるパフォーマンスと日々の音楽活動を研究した（Kawase 2007）。川瀬は映像人類学の手法にもとづき、アズマリ・ベットやアディスアベバのダンスを鑑賞できるレストランを題材とした映像作品を発表した。

　ハンガリー政府の援助でおこなわれた調査研究を再評価する動きもある。ツェハイエ（Tsehaye）は、ハンガリーとエチオピアとの外交史の観点から、当時の調査が両国間の外交関係の改善につながったことを明らかにした（Tsehaye 2016）。2019 年の時点では、ツェハイエはユネスコ（国際連合教育科学文化機関、United Nations Educational, Scientific and Cultural Organization、略称 UNESCO）の援助を得て、サロシらによる記録映像をデジタルアーカイブ化する作業に取り組んでいる。ダンス教育については、ヴァダシィの講義を首席で修了したナガシュ（Nagash）がヤレッド・スクール・オブ・ミュージックにおいてダンス講義の開講準備を進めており、エチオピアのダンス研究は新たな展開を迎えつつある。

　個別の民族のダンスにかんする近年の研究ではソロモン（Solomon）とウドゥ（Wudu）によるものがある（Solomon & Wudu 2014）。内容は概説的であり、彼らがおもにゴンダールの宗教を研究してきたこともあって、ダンスの記述もゴンダールに偏っている。彼らが参照している先行研究はマーティンらによる 1960 年代の研究のみであり、このことからも、さらなるエチオピアのダンス研究の必要性を指摘できる。

　ダンス研究において、重要な一角をなすのが教育である。エチオピアにおけるダンスの学習方法にかんする先行研究はほとんど存在しないのが現状である。1969 年から 4 年間、ヴァダシィがヤレッド・スクール・オブ・ミュージックにおいてダンスの講義を開講した。しかしその記録については、同校の年報にわずかな記述と写真が掲載されているのみで、その詳細を知ることはできない（Yared School of Music 1970 : 31）。アディスアベバにおけるダンス教育については、遠藤の研究にお

8　ただし、この記述の真偽を確かめるために国立劇場のダンサーへの聞き取り調査をおこなったが、このような見解はまったく聞いたことがないとのことであった。

いて、プロのダンサーが幼稚園内のスペースを借りてダンス教室を開催していることが紹介されている程度である（遠藤 2001）。

　先行研究を概観すると、個々の民族のダンスに着目した研究はいくつかおこなわれているものの、都市部のダンスはほとんど研究されてこなかったことがわかる。首都アディスアベバには劇場がいくつもあり、多くの人びとがレストランなどでダンスを楽しんでいる。それにもかかわらず、都市部におけるダンスは研究対象とされてこなかった。とくにダンサーのプロ化とダンス教育にかんしては、遠藤による研究のなかでわずかに言及されている程度で、その実態はほとんど不明なままであったと言える。

1.6　ダンスの記録

　ダンスの研究をおこなう際に問題となるのが、ダンスを記録する方法である。舞踊学や人類学などではダンスの記録方法が問題とされてきた（遠藤 1999）。ダンスは演者の身体をもちいた表現であり、観客の眼前に示されたその場のみに存在し、後には何も残らないという性質をもつ表現形式である[9]。そのため、先行研究ではさまざまな方法をもちいてダンスが記録され、記録をもとにした分析・考察がおこなわれてきた。ダンスの記録方法として、観察による記述、聞き取り、写真、動画、舞踊譜などの手法が使われてきた。しかしこれらの方法は調査者の主観が介入せざるをえず、分析の過程についても可視化が困難であった。

　この問題点について、これまで筆者がおこなってきた研究では「モーションキャプチャ」という、コンピュータをもちいて動作をデジタルデータ化して記録する方法を採用することによって解決を図ってきた（相原他 2016）。この方法の長所として次の3点を挙げることができる。①主観的余地が入りにくい方法で、可視化された量的データとしてダンスを記録・分析できる、②記録をもとにダンスを3次元で再生してさまざまな角度から分析できる、③身体の各部位の速度変化、角度変化などをもとに、観察ではわからなかった使用部位や動作を明らかにできる。

　モーションキャプチャはおもにスポーツ科学においてもちいられており、動作の記録・分析のための有効な方法のひとつとされているが、ダンスの研究で使われることは少なかった。その理由として、機材の運用が困難であることが挙げられる。モーションキャプチャには「光学式」「映像式」などの方法がある。光学式で収録をおこなう際は、モーションキャプチャ用のスーツに複数のマーカーを取り付けた状態で記録をおこなう必要がある。マーカーの軌跡を追うために複数台の赤外線カメラをもちいる。このための機材は高価であり、収録のためには、専用の施設と技術スタッフを用意する必要がある。

---

[9] 芸能の特質として、守屋は「一回性」という言葉をもちいて、芸能が観客の眼前で演じられたその場のみで成立することを指摘している（守屋 1981）。

　筆者が参加した研究グループでは、光学式モーションキャプチャによりアフリカ
のダンスを収録した（遠藤他 2014）。収録では 32 台の赤外線カメラをもちいて、
モーションキャプチャスーツに 48 個のマーカーを取り付けてダンスの動作を収録
し、デジタルデータ化した。データをもとに、肩、腰、ひじ、ひざの速度変化や角
度変化を分析した。このグループでの研究をつうじて、エチオピアのダンスにかん
しては、全身をもちいた多彩な表現がおこなわれていることを明らかにした（相原
他 2016）。しかしこのような実験をおこなうためには、ダンサーを日本に招聘した
うえで、専用の施設をもちいて収録をおこなわなければならなかった。
　光学式モーションキャプチャは設備の運用上の問題があり、フィールドワークの
なかでもちいることは困難であった。しかし今日では、映像式モーションキャプチ
ャの手法をもちいることで、フィールドワークにおいてもモーションキャプチャを
使えるようになった。映像式では複数のビデオカメラをもちいて異なった角度から
ダンスを撮影し、映像をもとに 3 次元のモーションデータを得ることができる。こ
の方法の長所は光学式に比べて高い機動性を持つ点にあり、筆者 1 名のみで調査地
での準備と記録をおこなえる。衣装についてもモーションキャプチャ用のスーツ以
外のものを使用できるため、より実演に近い状況を想定した収録をおこなえる。ダ
ンサーがふだん使用している練習場で収録をおこなえるため、実験室的な収録環境
にしばられないというメリットもある。ダンスの動作にかんする聞き取りをもとに、
調査地でインフォーマントによる実演の映像を収録して検証することにより、調査
の裏付けをおこなうこともできる。
　これまでの筆者の研究では、技術的な問題のため、モーションキャプチャをフィ
ールドワークのなかで運用することは難しかった。そして先行研究では、ダンスの
動作について、ダンスがおこなわれる場や社会集団とのかかわりのもとで分析され
ることは少なかった。しかし技術的革新によって、フィールドワークのなかで、こ
れまでよりも容易にダンスの動作を記録・分析でき、分析と聞き取り調査を相互に
連関させて検証できるようになった。
　映像をもとにした分析をおこなう場合のデメリットとして、動作をデジタルデー
タ化するための作業に時間を要する点と、精度の点で光学式に劣る点が挙げられる。
そのため本研究では、筆者がこれまでもちいてきた光学式で収録したモーションキ
ャプチャのデータと、フィールドワークのなかで新たに収録した映像をもとに作成
したデータとを併用する方針にした [10]。

---

[10] 本研究でもちいなかった方法のひとつに、深度センサー式によるモーションキャプチャが
ある。深度センサー式では赤外線を対象となる人物に照射し、赤外線の反射をもとに人物の
シルエットを取得することで動作を記録する。筆者が研究協力者として参加したデジタル教
材「エチオピアの舞踊と社会」では、マイクロソフト社の「Kinect」をもちいて深度センサー
方式でエチオピアのカファのダンスを現地で収録し、データを 3DCG にして資料として活用
している（野田 2016）。

1.7　本研究における視点

　これまでアフリカのダンスは、固定化した伝統的な芸能という文脈で扱われがちであり、創造と変化の営みとしてとらえられることは少なかった。先行研究ではダンスの表現がおもな研究対象となる一方、ダンスがおこなわれる場や社会集団についての研究が手薄であるという問題があった。同様の課題は日本における芸能研究でも指摘されている。芸能研究では所作、セリフ、衣装などの「芸態」に着目した研究と、芸能がおこなわれる場や社会とのかかわりについての研究とを理論的に架橋する研究が手薄であるという問題があった。この問題は守屋と橋本が指摘しており（守屋 1981、橋本 1993）、彼らの問題提起を踏まえ、筆者も芸能研究の方法論にかんする考察を進めてきた（相原 2007）。

　本研究の対象はエチオピアのダンスである。当然であるが、もっとも重要なのは、現地の人びとのダンスをめぐる実践と、ダンスにたいする考え方や見方について調査をつうじて明らかにすることである。特定の理論をもちいてエチオピアのダンスを解釈することはまったく意図していない。ここでは、あくまでも本研究における調査の見通しを付けるきっかけとして、日本の芸能研究における2つの視点について述べておきたい。

　第1の視点は、林屋による、芸能がおこなわれる場に着目した研究である（林屋 1986）。林屋の芸能研究における主要概念ともいえるのが「座」である。「座」とは本来、手工業者などの職能集団を指す語であり、林屋はこれを芸能研究の概念としてもちいている。林屋の「座」の概念には2つの意味合いがある。ひとつは芸能をおこなう集団そのものを示す「座」であり、もうひとつは芸能の演者と観客とが集まる場としての「座」である。後者について、芸能には主客の寄り合いの場としての「座」をともなうという「結座性」という特質があることを指摘したうえで、「座」をめぐる政治的条件、社会的条件、自然的条件との関係を解明するという方針を示している。林屋によるこれらの視点を踏まえ、本研究では、エチオピアにおける芸能をおこなう集団として、国立劇場やレストランを調査対象とし、政治との関連や歴史的経緯を踏まえたうえで、集団内でのダンサーたちの実践に着目することにした。そして国立劇場やレストランにおける演者と観客との関係を調査するという方針を採った。

　第2の視点は、源による「型」をめぐる研究である（源 1992）。源は日本文化における「型」について、「型」を「パターン」「タイプ」「フォーム」「スタイル」の4つに分けて考察している。このなかで「パターン」は文化の総体、「タイプ」は文化を分類するための概念であり、芸道や武道における身体をもちいた「型」の学習や実践とは性質の異なったものとして扱われている。本研究において、ダンスについて考察するために重要なのは「フォーム」と「スタイル」である。「フォーム」は「『型』のうち『基本的な単純な型』もしくは『基本型』」（源 1992：28）であり、

一般性、規範性を持つものであり、学習における模倣の手本となるものとされる。一方の「スタイル」は「文化のある局面、文化のある要素をめぐる概念」（源 1992：21）であり、「フォーム」をもとに演者ごとの個性が発揮された型であり、意外性、突発性、機智性が含まれるものとされる。源は 2 つの型を対比し、茶の湯を例にしながら以下のように述べている。

> 前者（フォーム）は長い間の稽古や修行によって鍛えぬかれた形であるから安定性・持続性が高いことは言うまでもない。それに対し「スタイルとしての型」は可変的であり、当世のことばを使えばファジーであることをその特徴とする。たとえば茶の湯を例にとってみる。いわゆる「お手前」が茶の湯における「フォームとしての型」であろう。「スタイルとしての型」は茶の亭主になった人の考えや好み、あるいは招かれた客の種類を考えての、あるいは季節や場所を考えての「趣向」を含んでいると考えることができる。このようなスタイルは個性をもつと同時に「可変的」である。このようなことを考えると、「型の文化」のうち、「フォームとしての型」は文化の「恒常性」、そして「スタイルとしての型」はその「可変性」の部分を受けもっていると言える（源 1992：60）。

　林屋と源の視点を踏まえ、本研究の方針を示す。林屋の「座」の概念を手がかりに、ダンサーたちの社会集団および、ダンスが演じられる場における演者と観客との関係に着目するという方針を見いだせる。そして源の「フォーム」と「スタイル」を手がかりに、規範としての「フォーム」と、ダンサーたちがパフォーマンスを向上させるための実践としての「スタイル」との関係に着目するという方針を見いだせる。国立劇場での調査を例にすると次のようになる。ダンサーたちの練習という「座」において、個々の「スタイル」が創られる。そして劇場という「座」において提示された「スタイル」は、洗練を経て新たな「フォーム」へと至るという流れが想定できる。レストランでは、観客を楽しませるために、「フォーム」を踏まえた上で、さまざまな「スタイル」を創りだし、それらを駆使して観客を楽しませていると予想できる。
　本研究では、人と人とのかかわりのなかから、どのようなダンスが創造されるのかを調査し、考察する。そしてダンスにかかわる人びとの実践をもとに、エチオピアのダンス、ひいてはエチオピアの文化がもつ創造の可能性を追求することを目指したい。

1.8　各章の概要

　本研究の第2章から第5章までは国立劇場を調査対象としている。エチオピアの首都アディスアベバでは、市内にある主要な劇場、ホテル、レストランなどでダンスを鑑賞できる。そのなかでもダンスの継承と新たな表現の創造において中心的な役割を果たしているのが国立劇場であるため、調査対象としてもっともふさわしいと判断した。

　第2章では国立劇場の活動、演目の創作方法、プログラムの組み立て方などの概要を示す。そして国立劇場における演目の創作方法の特徴が「地域・民族を単位として演目を立てる」「基本的な動作の組み合わせによって演目を創作する」という2点にあることに着目する。国立劇場における演目創作の重要な要素である基本的な動作について、聞き取り調査をつうじて、その特徴を明らかにする。

　第3章では、エチオピアにおけるダンス教育および、国立劇場の創作方法の歴史的背景を明らかにする。この章ではエチオピアにおけるダンス教育と研究に大きな功績を残したハンガリー人のダンス研究者、ティボール・ヴァダシィが1969年から4年間実施した講義に着目する。文献調査および受講者への聞き取り調査をもとに、講義内容および、今日のアディスアベバにおけるダンスの創作への影響を考察する。

第4章では、国立劇場に所属するダンサーたちの経歴にかんする聞き取り調査をつうじて、第3章で取り上げた歴史とも関連させながら、職業としてプロのダンサーを目指す方法、ダンスの学習方法、技術形成、演目の創作方法の学び方を明らかにする。

　第5章では、国立劇場の新年公演に向けて創作された新演目「シダマ」の創作の過程に着目する。新演目の創作には、ダンサーのみではなく、演奏家、調査部門のスタッフ、ディレクターなど、さまざまな人びとがかかわっている。この章では、創作の過程にかかわる人びとの実践を手がかりに、ダンサーどうしのやり取りのなかから新演目が創作されていく過程を明らかにする。

　第6章では、レストランで演じられるダンスに着目する。アディスアベバには、観光客などを相手にダンスを披露するホテルやレストランがあり、国立劇場とは異なる方針でダンスの演出がおこなわれている。国立劇場では調査にもとづいて、各民族が継承してきたダンスをもとに演目を創作し、披露している。一方、レストランなどでは、各民族におけるオリジナルのダンスや衣装などを踏まえつつ、観客の反応を伺いながら、観客を楽しませるために表現をアレンジすることが求められる。この章ではダンスの観光化のなかでの表現の広がりに着目し、レストランのダンサーやプロデューサーたちの実践と創意工夫の実態を明らかにする。

　第7章ではこれまでの調査と考察を踏まえ、ひとつの場所におけるダンス表現に限定するのではなく、国立劇場とレストランとを横断しながらアディスアベバにお

けるダンスの多様性について論じる。ここではダンスの多様性について、演目、基本的な動作、基本的な動作の組み合わせという 3 つの点に着目する。演目の多様性については、アディスアベバにおいてダンス演目の多様性が増すことについて、国立劇場からレストランに新演目「アリ」が伝播していく過程を手がかりに考察する。基本的な動作の多様性については、ダンサーどうしの動作のちがいと共通点および、ダンスが演じられる場によって表現が変わることに着目し、ダンサーへの聞き取りとモーションキャプチャをもちいた分析をもとに考察する。基本的な動作の組み合わせの多様性については、アイドルグループによる実践を事例として考察する。

　終章では、調査結果およびエチオピアにおけるフォームとスタイルとの関係を踏まえ、現代のエチオピア都市部におけるダンスの特徴について考察することをつうじて、エチオピアのダンスにおける創造性について論じる。

第2章
エチオピア国立劇場とダンス

2.1　国立劇場の概要

　エチオピア国立劇場は、1946 年、オーケストラによる音楽などを上演する場として発足した（遠藤 2004）。現在の国立劇場は 1955 年に皇帝の名を冠した「ハイレ・セラシエ I 世劇場」として建設された。国立劇場にはエチオピアの文化の発信拠点としての役割があり、今日でもダンス、民族音楽、演劇などの上演が恒常的におこなわれている。国立劇場のロビーには劇場出身の歌手やダンサーたちの写真が飾られており、劇場の開設 60 周年記念冊子では国立劇場出身の歌手やダンサーの功績が紹介されている（Ethiopia National Theater Public Relation Department 2015）。今日でも彼らによって制作・上演された楽曲やダンスは、国立劇場にとどまらず、レストランやメディアなどさまざまな場において演じられ続けている。

　2016 年以降、省庁再編により文化観光省（Ministry of Culture and Tourism）が国立劇場の監督官庁となった。図 2.1 に国立劇場の組織構成を示した。劇場の最高責任者は総監督（General director）であり、その下に演劇監督、音楽監督、顧客サービス、人事、渉外などの部門がある。ダンスの公演にかかわっているのは、音楽監督の下にある伝統音楽部門（Traditional music department）であり、図 2.1 に下線部を付している[1]。

2.2　伝統音楽部門の概要

　伝統音楽部門は「ダンスパート」と「演奏家・歌手パート」にわかれている。2019年 3 月の時点で、ダンスパートには男性ダンサー8 人と女性ダンサー8 人、演奏家・歌手パートには男性歌手 7 人、女性歌手 5 人、男性演奏家 8 人が所属していた。ダンサーは全員アディスアベバ出身であった。ダンサーは、書類選考と実技試験を経て採用が決定する 。書類選考の時点で、少なくとも 50 倍、多い時で 200 倍程度の

---

[1] 「モダン音楽部門」（Contemporary / Modern music department）は、ポップスやコンテンポラリダンスなどを中心とした公演をおこなう。「専門的音楽部門」（Masterful music department）は、クラシック音楽の部門である。「演劇監督部門」（Theatre directorate）の下には劇団があり、エチオピアの民話を題材にした演劇、現代劇、コメディ、プロモーションビデオへの出演など、幅広い分野で活動している。

競争率となる。書類選考では、志願者の経歴や受賞歴などをもとに選考がおこなわれ、これを通過した者が実技試験に進む。実技試験では志願者が一室に集められ、試験担当者が指定した民族のダンスをおこなうことをつうじて審査される。

　これにたいし特徴的なのが歌手の採用方針である。エチオピアには多様な言語が存在する。さまざまな言語で書かれた歌詞を歌うことになるため、原則として演目ごとに、その言語の話者が採用される。演奏家については、エチオピアの民族音楽で用いるクラール（手琴のような形状の弦楽器）、マシンコ（一弦バイオリン）、ワシント（竹製の横笛）、ケベロ（太鼓）の奏者が採用されている。

　団員はすべて国家公務員として雇用されている。エチオピアでは公務員の副業が認められており、団員のうち何人かは、昼間は国立劇場で練習や公演をおこない、夜はレストランやホテルなどでパフォーマーとして働いている。

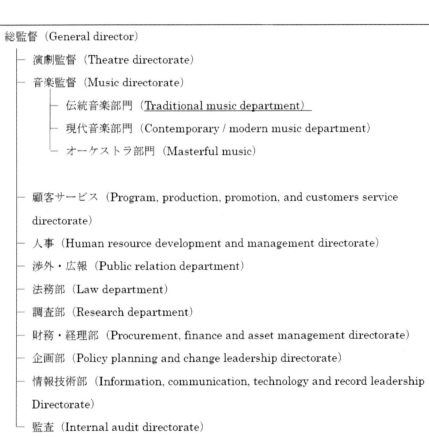

図 2.1　国立劇場の組織図

（Ethiopia National Theatre Public Relation Department 2015：17 より筆者作成）

2.3　ダンス演目とプログラムの組み立て

2.3.1　ダンス演目の特徴

　表 2.1 に、2019 年の時点でおこなわれているダンス演目を示した[2]。その特徴の
ひとつは民族名や地域名をそのまま演目名にしていることである。たとえばエチオ
ピア北部のゴンダール地方のダンスをもとにした演目の場合、その演目名は「ゴン
ダール」となる。ダンサー、歌手、演奏家たちは、各演目で使われる楽曲には固有
の演目名があり、各民族、各地域には、固有の名称を持つさまざまなダンスがある
ことを知っている。しかし実際の運用では、民族名や地域名がそのまま演目名にな
っている。

　なお表中の「オロモ」について、ダンサーたちは、ショア・オロモ、アルシ・オ
ロモ、ウォラガ・オロモ、ハラル・オロモ、ジンマ・オロモの 5 つに細分化してい
た。「オロモ」の演目を組み立てる際は、これら 5 つからいくつかの動作を取り入
れて「オロモ」の演目を組み立てる。たとえば後述する 2017 年の新年公演で上演
された「オロモ」の場合、前半部はショア・オロモ、後半部はアルシ・オロモの動
作を取り入れていた。

　ダンサーたちは、演目について「アムハラの演目」「アムハラ以外の演目」とい
う区分を設けることがある。この歴史的背景として、エチオピアではアムハラによ
る帝政が続いていたことが挙げられる。この区分はアディスアベバのダンスにおい
てプログラムを組み立てる際の目安のひとつとなっており、レストランでの上演に
おいても、この分類があることが確認できた。たとえば国立劇場の演目にはソロパ
ートがほとんどない[3]。しかしレストランではソロで踊る場面があり、ここではお
もにアムハラのダンスが演じられる[4]。後述するが、各演目における基本的な動作
の呼び方においても、アムハラとアムハラ以外の演目ではちがいがある。

　特定の機会のみに演じられるものとして、新年公演ではエチオピアの子供の遊び
と歌を題材にした「エンクタタシュ」、アドワの戦勝記念の公演ではエチオピア国
民の強さと国民の統合を題材とした演目が演じられる。

---

2 先行研究では、遠藤（2001）が、国立劇場では民族・地域ごとに演目を立てていることを
紹介している。筆者が 2016 年におこなった予備調査のなかで、民族・地域ごとに演目を立て
ることが続いていることを確認できた。2017 年 8 月 29 日のウェセニェレフへの聞き取りと、
本章 4 節でおこなった調査において全演目を確認した。
3 2018 年 2 月 26 日の国立劇場での公演において、「ガンベラ」にソロパートがあることを確
認できた。2018 年 2 月 28 日の国立劇場での公演で演じられた「アドワの戦い」戦勝記念の演
目では、中央に立ったダンサーが、エチオピア人の勇敢さを「ダグー（*dagu*）」という口承芸
能を用いて叫ぶシーンがあった。
4 レストランではアムハラ以外に、軽快なステップで観客を盛り上げることができるグラゲ、
太鼓を用いたパフォーマンスをおこなうティグレなどがソロパートで演じられる。ダンサー
が客席を周って観客と一緒に踊る場面でもアムハラのダンスをおこなうのが通例であるが、
観客の要望に応じてアムハラ以外のダンスを一緒に踊ることもある。

表 2.1　国立劇場のダンス演目

アムハラのダンス	ゴッジャム（Gojjam）	メンジャー（Menjar）
	ウォロ（Wollo）	アガウ（Agaw）
	ゴンダール（Gondar）	
アムハラ以外のダンス	オロモ（Oromo）	ハメレ（Hamer）
	ティグレ（Tigray）	ガンベラ（Gambela）
	グラゲ（Gurage）	シダマ（Sidamo）
	ソマリ（Somali）	カファ（Kaffa）
	コンソ（Konso）	テンベン（Temben）
	ガモ（Gamo）	グムズ（Gumuz）
	ウォライタ（Welayta）	バルタ（Berta）
	ゴファ（Gofa）	コレ（Kore）
	アファル（Afar）	イェム（Yeme）
	コナマ（Konama）	アリ（Aari）
	ハラリ（Harali）	

上記以外では、新年を祝う演目のエンクタタシュ（Enktatash）、「アドワの戦い」戦勝記念の演目などがある。

2.3.2　プログラムの組み立てと演出

　公演では表2.1に示した演目のなかからいくつかを選んでプログラムを組み立てる。2017年の新年公演では、①エンクタタシュ、②ウォロ、③シダマ、④オロモ、⑤ガモが演じられた。①エンクタタシュでは、この年から新しい演出が取り入れられた。③シダマは新年公演に向けて創作された新演目である[5]（第5章で詳述）。

　新年公演以外の例として2018年2月28日の「アドワの戦い」勝利記念の公演を挙げる。この公演では、開演のスピーチの後、①ティグレ、②デラシェ、③ソマリ、④ガモが演じられ、演劇部門による約8分間の芝居が入った。その後、⑤オロモ、⑥ゴファ、⑦ガンベラ、⑧ゴンダールとアドワの戦勝記念演目が演じられた。

　公演では、ダンスとダンスのあいだに歌が入る。ダンサーはひとつの演目が終わるごとに控室に戻り、歌のあいだに、次の演目の民族衣装に着替える。このような進行方法は、国立劇場以外の劇場やレストランでも同様である。

　ステージのセットにも、各民族の衣装の図案などをもとにしたデザインが取り入れられている[6]。2017年9月の新年公演では、ステージ上手と下手に3枚ずつ垂れ幕を設置していた（写真2.2）。上手最前列の垂れ幕にはアムハラ、下手最前列には、

---

[5] 伝統音楽部門のケベロ演奏家のゼリフンによると、2016年の新年公演では①エンクタタシュ、②オロモ（ケメサ）、③カファ、④ゴッジャム、⑤ソマリ、⑥ティグレとテンベン、⑦コンソ、⑧ガモ、⑨グラゲの9演目が演じられた。2018年はコンテンポラリダンスと伝統的ダンスとを組み合わせた舞踊劇が上演される予定であったが、賃金をめぐる労使関係のトラブルにより、新年公演に伝統音楽部門は出演しなかった。

[6] 2017年8月28日におこなった、ステージデザイナーのヤメネへの聞き取り調査。

写真 2.1　2017 年新年公演の舞台セット（2017 年 9 月 8 日筆者撮影）

ウォライタの文様があしらわれている。2 列目に配した紫の幕はオロモを象徴する色であり、3 列目の白はさまざまな民族の衣装に取り入れられている[7]。ステージのセットにおいても、国立劇場にエチオピアのさまざまな民族の文化が集まることを象徴するような工夫がなされている。

2.4　各演目の動作

2.4.1　演目と動作との関係

　筆者が受けたダンスレッスンでは、各演目にふくまれる基本的な動作をひとつずつ学ぶことでダンスを習得した。その経験をもとにダンサーたちへの聞き取りをおこなった結果、彼らは各演目における基本的な動作を組み合わせて演目を創作していることがわかった。第 4 章で詳しく述べるが、このような方法は国立劇場に限っ

---

[7] ヤメネによるとオロモのシンボルカラーは緑、白、紫であり、2017 年の新年公演までは、オロモの衣装は緑を基本にしていた。この公演では紫を基調にした衣装が新調され、ステージにも紫の幕を使用するようになった。ヤメネの当初案では、垂れ幕はアムハラ 1 枚、ガモ 1 枚、ティグレ 1 枚、ウォライタ 3 枚であった。ヤメネによると、ウォライタでは織物が名産品でありデザイン的にも優れているので多く取り入れようとしたが、偏りがあったので改変されたとのことであった。

たものではなく、アディスアベバの劇場、ホテル、レストランなどに共通して見られた。各演目には基本的な動作があり、そのなかには、歩行、肩を動かす動き、跳躍などが含まれていた。

　本章および第 4 章でおこなった調査をつうじて、国立劇場の場合はダンサー全員で動作の組み合わせを考えることがわかった。しかし他の劇場やレストランでは全員で組み合わせを考えることは少なく、特定の振付師が組み合わせを考えることのほうが多いとわかった。

2.4.2　調査概要

　以下の手順にて、国立劇場のすべての演目における基本的な動作を記述するための調査をおこなった。

・場所：国立劇場内のダンス練習場
・調査日：2019 年 3 月 1 日から 3 月 13 日
・調査協力者：国立劇場所属の男性ダンサー6 名、女性ダンサー5 名
・調査の手順
　①練習場に、2 メートル四方の上演スペースをテープでマークして設定した。
　②上演スペースの正面と右斜め前の位置にビデオカメラを設置して映像記録を撮影した。
　③男性ダンサー1 名に、上演スペースにて表 2.1 で示した各演目に含まれる基本的な動作を演じてもらった。
　④他の男性ダンサーに、演じられなかった動作がないか確認した。演じられなかった動作があった場合は補ってもらった。
　⑤男性ダンサー全員にたいし、演じられなかった動作がないことを確認したうえで、次の演目の動作に移った。
　⑥すべての演目について、③から⑤までを同様におこなった。
　⑦映像記録をダンサーとともに見ながら、各演目の基本動作の名称、内容、特徴について確認した。この作業では 4 名の協力を得た。

　この調査では、国立劇場の男性ダンサーのサムソンに、通訳と助手を兼ねて協力してもらった。筆者は国立劇場の男性ダンサーのウェグデラスからダンスレッスンを受け、各演目の基本的な動作をひとつずつ学んだ。本節の調査では、レッスンで得た知識も参考にした。

2.4.3　基本的な動作の種類と名称

　この調査にあたって、表 2.1 の全演目にふくまれる基本的な動作を記述した [8]。

---

[8] 表中では、肩から手首までを「腕」、手首から指先までを「手」、腰から足首までを「脚」、足首からつま先までを「足」と表記している。

巻末付録 2.1 から 2.30 は、各演目における男性ダンサーの基本的な動作である。演目のうち「オロモ」は、ダンサーたちがショア・オロモ、アルシ・オロモ、ウォラガ・オロモ、ハラル・オロモ、ジンマ・オロモの 5 つに分けていたことをふまえて調査と記述をおこなった。記述できた基本的な動作の数は、アムハラの動作が合計44 種類、アムハラ以外の動作が合計 218 種類、全体で 262 種類であり、平均すると 1 演目あたり約 8.4 種類の動作が含まれていた。動作の数がもっとも少なかったのは「ウォラガ・オロモ」の 3 種類であり、次いで「アリ」の 4 種類であった。動作の数がもっとも多かったのは「ショア・オロモ」の 19 種類であり、次いで「ウォライタ」の 17 種類であった。ダンサーたちは、これらの動作をいっさい重複せず、すべて異なったものとして認識していた。

　個々の動作の意味にかんして、ダンサーたちは理解している場合としていない場合とがある。たとえば第 5 章で取り上げる「シダマ」には男女があごを重ね合わせる動作があり、ダンサーたちはこれを男女の交流のためのものであると知っていた。一方、第 6 章で取り上げる「アリ」では資料映像のみを頼りに演目を創作したため、個々の動作の意味やダンスが演じられる状況にかんする知識がないままに演じているのが実情である。

2.4.4　基本的な動作の例ー「ゴッジャム」おける動作

　ダンサーたちは、演目の導入部や演目内でもっとも盛り上がる場面の前におこなわれる動作、ステージへの登場時や移動の場面での歩行動作を「シュブシャボ」（shubushabo）と呼び、おもにその場で体を大きく動かす動作や、演目が盛り上がる場面でおこなう動作をチェファラ（chefera）と呼んでいた。これらの呼び方は、すべての演目で使われていた[9]。

　ここでは各演目における基本的な動作の例として「ゴッジャム」をとりあげる。表 2.2 に「ゴッジャム」に含まれる男性ダンサーの基本的な動作を示した。1 番の歩行動作「シュブシャボ」と、3 番、7 番の肩を動かす「エスケスタ（Eskesta）」は、この演目において代表的な動作と言える。4 番の「ムット（Mutto）」、6 番の「ズナブ（Znabu）」のように固有の名称を持った動作がある。一方で、1 番、2 番、8 番の「シュブシャボ」のように、異なった動作でも同じ名称が付いている場合もあった。

2.4.5　アムハラの動作の名称

　アムハラの 5 演目における男性ダンサーによる基本的な動作の名称について、シュブシャボ、エスケスタ、チェファラと呼ばれている演目の数と、これら以外の呼び方をされている演目を比較できるように、表 2.3 にまとめた。これらの呼び方は

---

[9]　「シュブシャボ」はささやき、「チェファラ」はダンスを表すアムハラ語である。

表 2.2　ゴッジャムの基本的な動作（男性）

No.	名称	動作内容
1	Shubushabo	左足から左右交互に歩く。肩をゆすりながら、手を前後に振る。
2	Shubushabo	右足を正面、左足を左に向け、右足を踏み込みながら手拍子をする。
3	Eskesta	ひざをもちいた上下の動きに、肩を上下に動かす動作を加える。
4	Mutto	体を起こして跳びながら、肩を前から後ろへ 2 度回すように動かす。1 度のみ、2 度連続、3 度連続でおこなう。
5	Shubushabo	歩きながら、体を左右に振る。
6	Znabu (Enkitukitu)	歩いたりその場で回ったりしながら、肩を震わせる。
7	Eskesta	体を V 字に動かしながら、体を起こした時点で肩を上下に動かす。
8	Shubushabo	両ひざを曲げながら両手を歩くときのように動かす。

表 2.3　アムハラのダンスにおける基本的な動作の数と名称（男性）

演目名	シュブシャボ	チェファラ	エスケスタ	固有の名称を持つ動作
アガウ	2	5	0	
ゴッジャム	4	0	2	Mutto（1 種） Znabu（Enkitukitu）（1 種）
ゴンダール	5	1	2	Mendek（1 種）
メンジャー	3	7	1	
ウォロ	2	1	3	Sora（3 種）

あくまでも国立劇場の男性ダンサーたちが使っているものであり、他の劇場やレストラン、各地域・各民族の出身者にたいし同様の調査をおこなった場合は、異なった結果が得られる可能性がある。

　アムハラのダンスとアムハラ以外のダンスとでは、エスケスタという語を用いるか否かという点に大きなちがいがある。ダンサーたちは肩を上下、前後、回すように動かす動作をエスケスタと呼んでおり、たとえば「ゴッジャム」の肩を上下に動かす動作（表2.2の3番）がそれに相当する。さらにエスケスタにも独自の名称を与えられているものがあり、たとえば「ゴッジャム」の肩を回転させるように動かす動作（表2.2の4番）は「ムット」と呼ばれている。

2.4.6　アムハラ以外の動作の名称

　表2.4は、アムハラ以外の演目における動作の名称について、シュブシャボ、チェファラと呼ばれている演目の数と、これら以外の呼び方をされている演目を比較できるようにまとめたものである。動作なかには、シュブシャボでもありチェファラでもあるとされているものがある。それらの数は「S and C」の箇所に記している。たとえば「シダマ」のハノ（巻末付録2.22の4、6、7、8番）やケタラ（巻末付録2.22の3、5、9、10番）のように固有の名称で呼ばれる動作もある。また「ショワ・オロモ」のフォレ（巻末付録2.8の1、13、15番）とラゲダ（巻末付録2.8の18、19番）、「グラゲ」のケザファ（巻末付録2.11の5、7、11番）は、いずれも本来はリズムの名称であり、ダンサーたちはリズムの名称をそのまま動作の名称として用いていた。

　ダンサーたちは、ほとんどの動作をシュブシャボとチェファラと呼んでいた。しかし実際は、各民族の人びとがシュブシャボやチェファラ以外の固有名称で呼んでいる動作もあるのだが、ダンサーたちはその詳細を把握していなかった。ダンサーたちも各民族の人びとが固有の名称で呼ぶダンスや動作があることは知っているが、その詳細を確認したことはないとのことであった。聞き取りのなかで、男性ダンサーの1人が、筆者が各動作の本来の名称を知りたがっているのだと思い、当該地域の出身者たちに電話で確認しようとした。このようにダンサーたちがその気になれば、各民族の出身者に確認を取ることもできる[10]。

　実質的に個々の動作に対応した類別的な名称が存在しないことについて、演目の創作や練習において不便が生じないかダンサーたちに尋ねたところ、とくに不便なことはなく、曲の流れに合わせてどの動作を選ぶかわかるとのことであった。

2.4.7　類似の動作と呼び方－「ティグレ」「テンベン」をめぐる事例

　アムハラ以外の演目では、いずれの動作においてもエスケスタという語を用い

---

[10] 今回はダンサーたち自身の基本的な動作にかんする認識に着目したので、調査時に、各民族の出身者への確認はおこなわないようにしてもらった。

表2.4 アムハラ以外のダンスにおける基本的な動作の数と名称（男性）

演目名	Shubushabo	Chefara	S and C	固有の名称を持つ動作
アルシ・オロモ	2	3	0	Shupisei（1種）
ハラル・オロモ	5	3	0	
ジンマ・オロモ	2	2	1	
ショア・オロモ	6	7	1	Foleex（3種） Rageda（2種）
ウォラガ・オロモ	0	0	3	
アリ	0	3	1	
アファル	4	3	0	Keikei（2種）
バルタ	2	8	0	
ガンベラ	0	10	1	
ガモ	3	8	0	
ゴファ	1	3	0	
グムズ	1	4	0	
グラゲ	4	3	0	Kezefa（4種） Guroro（1種）
ハメレ	0	7	0	
ハラリ	1	5	0	
カファ	1	8	1	
コナマ	3	6	0	
コンソ	3	6	0	Derashie（1種）
コレ	2	5	0	
シダマ	1	1	0	Hano（4種） Kemtara（4種）
ソマリ	4	4	0	Deneto（2種）
テンベン	3	6	0	
ティグレ	3	7	0	

ていなかった。この区分が厳密であることを示す例として、「ティグレ」と「テンベン」の動作をめぐるダンサーどうしのやり取りを挙げる。アムハラの演目には、たとえば「ゴッジャム」のエスケスタ（表2.2の3番）のように、肩を上下に動かす動作がある。アムハラ以外の演目でも、「ティグレ」と「テンベン」には肩を上下に動かす動作がある。地理的には、ティグレ州はアムハラ州の北に位置しており、テンベンはティグレ州の行政区のひとつである。ダンサーたちは、「ティグレ」の肩を上下に動かしながら体勢を下げていく動作（巻末付録2.10の4番）をチェファラと呼んでいた。「テンベン」の両ひざを付き、上半身を反らした状態で、上半身を左右交互に振りながら肩を上下に動かす動作（巻末付録2.10の7番）もチェファラと呼んでいた。

　これらの動作について、聞き取りのなかで男性ダンサーのサムソンが「ティグレのエスケスタ」と呼んだ。しかし他のダンサーたちから、「ティグレ」はアムハラの演目ではないので、エスケスタと呼ぶのは間違っていると指摘されて訂正した。この事例から、アムハラ以外の演目にもエスケスタに類似した動作があり、ダンサーたちも動作が似ていることを自覚していることがわかる。しかしエスケスタと呼ぶか否かについて、ダンサーたちは明確に区別していることがわかった。

2.4.8　ダンサーどうしの認識のちがい

　筆者が確認できた基本的な動作には、個別の特定名称が与えられている場合と、そうでない場合があった。特定の名称が与えられている動作にかんして、ダンサーによって動作の内容にかんする説明が異なる場合があった。

　たとえば「ゴッジャム」のズナブという動作（表2.2の6番の動作）について、男性ダンサーたちはズナブの別の呼び方としてエンキトゥキトゥ（*Enkitukitu*）を挙げていた。しかし女性ダンサーにたいする聞き取り調査のなかで、ズナブとエンキトゥキトゥは明確に異なる動作であるとの指摘があった。女性ダンサーのマサラトによると、ズナブでは横移動しながら肩を震わせるように動かすが、エンキトゥキトゥでは肩を震わせて横移動する際に、ひざの上下の動きを加えることになるため、2つの動きは明確に異なるとのことであった。このような相違が発生したことについて、男性ダンサーのウェグデラスとサムソンに再確認したところ、マサラトのような認識は持っていないことがわかった。ダンサーたちは、基本的な動作の演じ方について各自の見解を示してくれた。しかし個々の見解を突き合わせてみると、それぞれにちがいがあることが明らかになった。

　今回の調査と先行研究とのあいだにもちがいが見られる。先行研究では、遠藤によってゴッジャムのエスケスタにかんする調査がおこなわれている（遠藤2001）。遠藤はエチオピア人ダンサーへの聞き取り調査をもとに、ゴッジャムのエスケスタとしてデレベ（*Derebe*）、ズナップ（*Sunapp*）、エンキトゥキトゥ（*Enkitukitu*）の3

つを挙げた[11]。デレベにかんする記述から、これは筆者の調査でのムットと同じ動きであると推察できる。ズナップはズナブのことで、遠藤の調査では、肩を震わせるのみで移動は伴わないことになっている。エンキトゥキトゥは肩を震わせながら横移動することになっており、これらは別の動作とされている。

　男性、女性とも、すべての演目は「ゴッジャム」同様、基本的な動作の組み合わせによって構成されていた。ただし個々の動作と名称の対応については、調査対象者によって認識のちがいがあることが示唆された。

2.5　演目における基本的な動作の組み合わせ－「ウォロ」の事例

　演目「ウォロ」において、基本的な動作がどのように組み合わせられているかを検討する。ここでは2017年9月11日の新年公演で演じられた「ウォロ」の男性ダンサーの事例を示す。「ウォロ」の基本的な動作は表2.5のとおりである。

　表2.6に、この演目のなかでおこなわれた男性ダンサーの動作を時系列に沿って示す。男性ダンサーが登場するのは1分44秒からで、この場面では女性ダンサーから男性ダンサーへ呼びかけるような演出がおこなわれる。男性ダンサーたちは女性ダンサーたちに促されるようにして、自然に歩きながらステージ上手側から登場した。以後、基本的な動作を組み合わせて演目が進んでいった。

　いくつかの動作にはこの演目のためのアレンジがおこなわれていた。たとえば2番のエスケスタについて、動作にかんする調査および筆者が受けたダンスレッスンでは、上半身を左から右へ体を反らして大きく回しながら、上半身を右斜めに起こしたところで肩を2回上下に動かし、上体が左斜めの位置に来たときに肩を2回上下に動かす。そしてまた上半身を反らしながら回すという動作を繰り返すと教えられた。しかし実演例では、上半身を斜め後ろに反らすという動作はあるが、回すのではなく、上半身を右斜め後ろに反らしたのちに、上半身を起こしてから肩を2回上下に動かすことを繰り返していた（表2.6の2分56秒の時点）。

　同様に、ソラの動作（表2.5の4番の動作）においてもアレンジがおこなわれていた。筆者が受けたダンスレッスンでは肩を前後に動かすのみの動作が基本となっており、右肩、左肩、右肩を前後に動かし、次に左肩、右肩、左肩を前後に動かすという動作を繰り返すと教えられた。聞き取りでは、これをソラ・ベーシック（Basic）とし、この動作に上半身を上下に動かす動作を加えたものをソラ・プロフェッショナル（Professional）と呼んでいた。上演例では下方向への動きをよりいっそう強調しつつ、上体を反らして両ひざを地面に着くまでゆっくりと曲げながらソラの動作をするというアレンジがおこなわれていた（表2.6の3分20秒の時点）。この上演例では、男性ダンサーは普通に歩きながら登場し、退場時は音楽のフェードアウトに合わせてエスケスタをしながら退場していた。他の演目では入退場時にはシュブシャボが使われる場合が多く、第5章で取り上げる「シダマ」でもそのようになっている。

---

[11] 筆者が遠藤に確認したところ、遠藤はダンサーにたいし、エチオピアのダンスの重要な動作を教えてほしいと頼んだ結果、これらの動作を教わったとのことであった。遠藤の調査時には、各演目が基本的な動作の組み合わせで創られることを想定していなかった。

表 2.5　ウォロの基本的な動作（男性）

No.	名称	動作内容
1	Shubushabo	左足を前に、ステップしながら体を左右に振る。移動する場合、右足は右向きにしてすり足にする。
2	Eskesta	左から右へ体を反らすように上半身を大きく回しながら、上半身を右斜めの位置に起こしたところで肩を 2 回上下に動かし、左斜めの位置に来たら肩を 2 回上下に動かす。
3	Eskesta	左足を前に置き、右足を右向きで後ろに置いた状態で、右肩と左肩を 2 回ずつ交互に上下に動かす。
4	Sora（Basic）	肩を左右左、右左右の順に前後に動かす。
4'	Sora（Professional）	肩を左右左、右左右の順に前後に動かしながら、上半身を上下に動かす。
5	Sora with Natara	Natara（長い腰紐）を持ちながら、Sora の動きをする。
6	Shubushabo	左足を前にして、足でリズムを取りながら体を左右に動かす。足で 2 回リズムを取りつつ体を 1 回動かす。
7	Eskesta	左右の肩の高さを交互に変えながら、肩を上下に 2 回動かす。顔は下がっている肩の方を向く。
8	Chefara	顎を出しながら全身を動かす。

表 2.6 演目「ウォロ」における男性ダンサーの動作

経過時間	演目の流れ
0：00	下手側から歌手が登場する。
0：24	上手側から 2 名、下手側から 2 名の女性ダンサーが登場する。
1：44	男性ダンサー 4 名が上手側から登場（この時は踊らず、自然に歩く）する。女性からの掛け合いに応じてペアになる。
2：00	男性が女性の後ろに男性が立ってエスケスタ（2 番）をおこなう。
2：07	男性が女性の前に出るように位置を変えつつ、歩きながらチェファラ（8番）をおこなう。
2：15	女性の前に男性が立ってエスケスタ（2 番）の動作をおこなう。
2：21	女性ダンサー 4 名が舞台中央に移動する。男性ダンサー 2 名はシュブシャボ（1 番）で歩きながら舞台後方へ移動。残りの男性ダンサーは女性ダンサー 2 名の左右に立って、女性ダンサーを囲むような状態になる。
2：30	男性ダンサーは屈伸しながらエスケスタ（7 番）の動作をおこなう。
2：43	男性ダンサー 4 名が舞台前方に移動。女性は 2 名が舞台後方、2 名が男性の左右に立って、男性ダンサーを囲むような状態になる。
2：56	男性ダンサーがエスケスタ（2 番）の動作をおこなう。この動作は体を反らすように回すのではなく、右斜め後ろへ上半身を反らせた後、上半身を起こして肩を動かすようにアレンジされている。
3：13	男性ダンサーが 2 名ずつ向き合い、ソラ（4 番）の動作をおこなう。
3：20	男性ダンサーがソラ（4 番）の動作をおこなう。この動作では体の上下の動きをより強調するため、両ひざを徐々に曲げて地面に付くようにしながら低い姿勢になるようにアレンジされている。
3：26	男性が立ち上がり、シュブシャボ（1 番）で移動する。舞台下手より上手にかけて、女性 2 名、男性 2 名、女性 2 名、男性 2 名が立つ。
3：51	女性に笑顔で目配せするような表情を向け、緩急を付けながらエスケスタ（2 番）をおこなう。
3：57	エスケスタ（2 番）をおこないながら退場。

2.6　特定の機会のみに上演される演目

2.6.1　エンクタタシュ

　表 2.1 に示した演目のうち、特定の機会のみに演じられるのが「エンクタタシュ」
と「『アドワの戦い』戦勝記念」である。

　もともと「エンクタタシュ」はエチオピアの新年を祝う歌であり、2017 年の新
年公演では「エンクタタシュ」の演奏に子供たちの歌、踊り、寸劇を加えたものが
演じられた。表 2.7 に、この演目の流れを示した。この演目は、初等学校の低学年
の子供たちがステージ上で西洋から来た遊びを演じているところから始まる。会場
の後方上手側から初等学校の高学年の男子、会場の後方下手側から高学年の女子が
歌いながら登場した。男子たちはエチオピアの正月におこなわれる「ホイヤホイエ」、

表 2.7　「エンクタタシュ」の内容

経過時間	演目の流れ
1：03	会場全体が暗転している状態から始まる。舞台の幕が開いて照明が灯る。ステージ上では小学校低学年の子供が西洋から伝わった遊びをしている。会場の後方、上手側からは小学校高学年の男子たち、下手側から小学校高学年の女子たちが、エチオピアの伝統的な歌を歌いながらステージに向かって歩いてくる。ステージに近づくにつれて、歌のテンポが少しずつ上がっていく。
1：07	ステージに近づきながら、女子たちは「アベバイオシュ」、男子たちは「ホイヤホイエ」を歌う。
1：37	舞台上の子供たちが歌に気づき、遊ぶのをやめて、歌に合わせて一緒に手拍子をする。
2：26	「ホイヤホイエ」を歌っていた男子たちが上手側からステージに上がり、低学年の男子たちと一緒に輪になって、「ホイヤホイエ」のダンスをする。 「アベバイオシュ」を歌っていた男子たちが下手側からステージに上がり、低学年の女子たちと一緒に手拍子をして「アベバイオシュ」を歌う。
2：40	男子たちと女子たちの歌とダンスが続く中、演奏家たちが「エンクタタシュ」の演奏と歌が始まる。
7：21	「エンクタタシュ」の歌が終わり、演奏が続く中で子供たちがステージから退場する。子供たちと入れ替わるように司会者の女性が登場する。
7：32	演奏が終わり、司会者の挨拶が始まる。

女子たちは「アベバイオシュ」を歌いながらステージに上がった[12]。

　ステージ上で西洋の遊びをしていた子供たちは「ホイヤホイエ」と「アベバイオシュ」に合流して一緒に踊った。演奏家たちによる「エンクタタシュ」の演奏がはじまり、「エンクタタシュ」の歌と演奏に「ホイヤホイエ」と「アベバイオシュ」の歌声が重なるようになった。「エンクタタシュ」が終わるのに合わせて、子供たちはステージから退場した。

2.6.2 　「アドワの戦い」戦勝記念

　この演目は、毎年 3 月 2 日の祝日「『アドワの戦い』戦勝記念日」のイベントのなかで演じられる。祝日までの約 1 週間、アディスアベバ市内ではさまざまな祝賀イベントが開催される。イベントでは「アドワの戦い」の勝利が祝われるとともに、退役軍人が招待され、彼らへの表彰などがおこなわれる。

　このようなイベントのなかで演じられるのが「『アドワの戦い』戦勝記念」である。2018 年 2 月 26 日に国立劇場で演じられた演目の流れを表 2.8 に示した。

　この日の公演では「ゴンダール」を演じ終わった後、そのままダンサーたちが退場せずにステージに残った状態から「アドワの戦い」が演じられた。アムハラの戦士の衣装を着た男性歌手が登場して歌い始め、ステージ後方にはティグレの衣装を着てライフルを持った男性歌手、ガモの衣装を着て矢を飾り立てた男性歌手、ゴファの衣装を着た女性歌手が登場した。

　演目の後半（表 2.8 の 7 分 27 秒）では男性ダンサーがステージ中央に立ち、ダグーというアファルに伝わる即興の語り芸により、エチオピア人が強く、勇敢であることが語られた[13]。周囲のダンサーや歌手たちもダグーにあわせて胸を張って威嚇するような姿勢を取った。ダグーをおこなうのはアディスアベバ出身の男性ダンサーであるが、この場面ではアファル語を用いていた。ダグーの後、全員が輪になって踊った。ダンサーたちによると、この演目は現在のメンバーが入団する以前から演じられていたものを、現在でもそのまま演じ続けているとのことであった。

---

[12] 「ホイヤホイエ」は正月の時期に演じられる伝統的な歌とダンスである。男の子が棒を持って家々を周り、門付けのように「ホイヤホイエ」を演じて小遣いをもらう。演じる際は棒を地面に突き立てながらリズムを取る。「アベバイオシュ」は正月などのお祝いで演じられる。着飾った女の子たちが門付けのように家々を周る。1 名が太鼓を叩き、あとのメンバーは手拍子をして、体を揺するように全身でリズムを取るように踊りながら歌を歌う。
[13] 地理的には戦場となったアドワはエチオピア北部のティグレ州に属する町であり、アドワの東、約 100km 先にアファル州との州境がある。ダグーは演者と観客とが 1 対 1 で、対面で演じられる（Moges 2013 : 32-37）。演者は男性であり、野太い声で叫ぶような節回しを使い、即興の歌詞で観客とのやり取りをおこなう。

表 2.8　「『アドワの戦い』戦勝記念」の流れ

経過時間	演目の流れ
0：31	「ゴンダール」の演奏が始まる。
3：39	「ゴンダール」が終わる。女性歌手が盾を持って登場した後、男性歌手が戦士の格好で登場する。2 人が歌い始める。舞台後方に、ティグレ、ゴファ、ガモの民族衣装を着た歌手が入場する。ダンサーたちは舞台を歩き回りながら、時々、胸を張って威嚇するような動作をおこなう。
7：27	男性ダンサーの 1 人が槍に見立てた棒を持ち、女性歌手からマイクを受け取る。片ひざを付いて胸を張る動作と立ち上がって胸を張る動作とを繰り返しながら、アファルの語り芸「ダグー」により、エチオピア人の勇敢さを叫ぶ。他のダンサーたちも、叫ぶダンサーに合わせて胸を張るような動作をおこなう。
8：24	ステージ上のダンサーたちと歌手全員が輪になって踊る。
10：29	ダンサーと歌手が全員で手をつないで横一列に並び、客席に向かって一礼する。
11：16	ダンサーと歌手が退場し、司会者が登場する。演奏が終わる。

2.7　演目の主題

　エチオピアには 80 以上の民族集団が存在すると考えられており、国立劇場ではそのうちの 26 の民族名を称した演目が上演されている。第 1 章で示したように、文化政策ではエチオピアの民族・文化の多様性を国民が知ることが国家の調和と統合につながることが述べられていた。そして国立劇場においては、さまざまな民族のダンスの調査と演目化に取り組み続けており、演目、衣装、舞台装置などにより、さまざまな形で各民族が象徴的に描かれていた。

　演目のなかには、エチオピアという国家のまとまりを象徴的に示そうとするものもあった。「エンクタタシュ」では、エチオピアの文化への西洋文化の侵食にたいする批判と、次世代への伝統文化の継承が提示されていた。本研究で示した、子供の遊びを取り入れた演出は、2017 年の新年公演で初めておこなわれた。この演目では国立劇場の女性ダンサーのマサラトが演出を担当しており、マサラトのサポートとして、女性ダンサーのイェテナイェットも参加した。マサラトへの聞き取りに

よると、この演目での演出は、自分自身のプライベートで発生した問題意識にあったという。マサラトの長男が私立の小学校に通うようになり、授業はすべて英語でおこなわれることになった。長男の英語は上手くなっていったが、アムハラ語は幼稚園の水準のままでとどまっていた。マサラトはそのことに危機感を持ち、「エンクタタシュ」では子供たちによる文化の継承をテーマにすることに決めたという。演目ではエチオピアの伝統的な文化を知らない年少の子供たちに、年長の男子と女子とが、エチオピアの伝統的な歌とダンスである「ホイヤホイエ」と「エンクタタシュ」をともに演じることをつうじて、文化が継承されることを表そうとした。

「『アドワの戦い』戦勝記念」では、アファル人のダグーという語り芸によりエチオピア人の勇敢さを称える場面があり、衣装に槍やライフルを取り入れることで、よりいっそう、エチオピア人の勇敢さが強調されていた。そしてアムハラ、ティグレ、ゴファ、ガモの衣装を着た人びとが輪になって踊ることで、すべての民族がともに戦うことと、国家の調和と統合とが表象されていると解釈できるような演出がおこなわれていた。

第3章
国立劇場のダンスをめぐる歴史的背景

3.1. 調査から教育へ

　前章で述べたように、エチオピア国立劇場のダンスには 2 つの特徴がある。1 つは地域、民族ごとに演目を立てることであり、地域名や民族名がそのまま演目名になっている。もう 1 つは、各演目にはいくつかの基本的な動作があり、これらの動作を組み合わせて新たな演目を創作することである。このような創作方法は、アディスアベバ市内の他の劇場および、ダンスを鑑賞できるホテルやレストランなどでも同様であることがわかった（詳細は次章で述べる）。これらの特徴は、筆者がガーナ、ナイジェリア、ケニア、タンザニアでおこなってきた調査では見られなかったものであり、エチオピアのダンスの先行研究においても、この点に着目した研究はほとんどおこなわれてこなかった [1]。

　本章では、このような創作方法の歴史的背景を明らかにする。この方法は、アディスアベバにおけるダンスの研究および教育の歴史と深くかかわっている。1960 年代から 1970 年代にかけて、ハンガリーとエチオピアとの研究交流プログラムの一環として、マーティンとサロシらによってエチオピア各地に伝わるダンスの調査がおこなわれた。マーティンらはダンスの記録の収集、撮影をおこない、各地のダンスを比較した（Sarosi 1966, Martin 1967）。1967 年からこの調査に加わったのが、ダンサーであり研究者でもあった、ハンガリー人のティボール・ヴァダシィである（Tsehaye 2016：11）。彼はエチオピアのダンスにかんするまとまった資料が存在しないことを危惧し、調査をもとにエチオピア各地のダンスにかんする 3 本の論文を執筆した（Vadasy 1970, 1971, 1973）。論文ではアムハラ（おもにウォロとメンジャー）、ティグレ、グラゲ、オロモなどのダンスを取り上げ、ダンスの種類、動作の特徴、ダンスが演じられる状況について詳細な報告をおこなった [2]。

---

[1] ダンスにおける個々の動作に着目した先行研究には遠藤（2001）がある。ダンスの演目について、個々の動作を学び、個々の動作を組み合わせることで演目を創作するという方針については、アフリカではないが、ブラジルの「フレーヴォ」というダンスにおいて、ダンサーのナシメント・ド・パッソが同様の方法でダンス教育をおこなっていたことが報告されている（神戸 2018）。
[2] Vadasy（1974）では、オロモとグラゲのダンスと音楽にかんする調査結果を記すにあたり *Galla* という語をもちいている。*Galla* は差別的な意味合いを含む語とされており、近年では一般にはもちいられない。

3.2 ヴァダシィのダンス講義

3.2.1 ヤレッド・スクール・オブ・ミュージックでのダンス講義

1969年、ヴァダシィはヤレッド・スクール・オブ・ミュージック（以下、本節ではヤレッド校と記す）において、エチオピアの伝統的ダンスの講義を開講した。ヤレッド校は1969年に開校された公立の音楽学校であり、校名にはエチオピア正教に伝わる4種類の音階を作曲した聖人ヤレッドの名前を冠している[3]。

ヴァダシィの講義は、ヤレッド校の開校に合わせハンガリー政府の援助で始まった。これはエチオピアで初めておこなわれた、公的な教育機関におけるダンス教育であった。講義はヴァダシィがハンガリーに帰国した1974年まで続いたが、ヴァダシィ以後、公的な教育機関におけるダンス教育の記録は確認できなかった[4]。

講義については不明な点が多く、文献資料も乏しい。ヴァダシィ自身の論文のなかで各民族のダンスにかんする資料がないことへの危惧が述べられており、これが講義開講の契機のひとつであったと推察できる。資料としては、ヤレッド校の1969年度の年報に講義が開講されたことを紹介するわずかな記述があり、講義の様子の写真が掲載されているのを確認できた（Yared School of Music 1970 : 31）。写真3.1の左端の人物がヴァダシィである。しかしシラバスなどの内部資料はすでに散逸してしまっており、資料をもとに講義の内容を知ることは困難であった。

写真3.1　ヴァダシィの講義の様子（Yared School of Music 1970 : 31）

---

[3] 基本的な音階はティジータ（Tizita）、アンチホイエ（Anchi-hoye）、アンバサル（Ambassal）、バチ（Bati）の4種類である（遠藤 2001）。
[4] 調査期間中、ダンサーや教育関係者にたいし公的な教育機関におけるダンス教育について質問したが、ヴァダシィ以降にダンス講義が開講されたという証言は得られなかった。アディスアベバ大学の図書館、ヤレッドの図書館、国立劇場の資料室、ナショナル・アーカイブズにて資料を探したが、ダンスの講義がおこなわれた記録は見つからなかった。

3.2.2　調査概要

　ヴァダシィのおこなったダンス教育の内容を明らかにするため、当時の講義の受講生 2 名を探し出し、聞き取り調査をおこなった。

　1 人目の調査対象者は、1969 年にヤレッド校に入学し、4 年間ヴァダシィの講義を受講したナガシュ・アブドゥである。ナガシュは国立劇場などでディレクターおよびトップダンサーとして活躍した。ナガシュの実績は国立劇場のダンサー、音楽家、歌手、役者などにも広く知れ渡っており、ダンサーたちからはその功績を讃えて「オンリー・ワン」というあだ名で呼ばれることもある。筆者は、2018 年の 3 月にナガシュと知り合った。筆者が彼にティボール・ヴァダシィを知っているか尋ねたところ、彼は胸ポケットから写真を取り出して「私の先生だ」と答えた。彼はヴァダシィによる推薦状と、ヴァダシィの講義でもっとも優秀な成績であったことを示す証明書と、ヴァダシィのサイン入りの論文 2 篇をいつも持ち歩いているとのことであった（写真 3.2）。これをきっかけに、ナガシュに調査協力を依頼した。ナガシュへの聞き取りは、2018 年 8 月 9 日および 2019 年 2 月 13 日から 2019 年 3 月 6 日にかけて 1 回あたり 1 時間半を目安に計 7 回実施した。調査場所はすべて国立劇場内であった。調査ではヴァダシィの講義の内容および、ナガシュ自身の経歴にかんする半構造化インタビューをおこなった。

　もう 1 人の調査対象者は、教育学者のウベ・カサイエである [5]。ウベはバイオリン奏者であり、2019 年の時点ではアディスアベバ大学教育学部教授の職にあった。

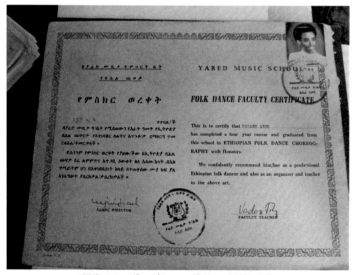

写真 3.2　ヴァダシィの講義の成績証明書

---

[5] ツェハイエの論文に、ウベが講義に参加した記述がある（Tsehaye 2016）。

筆者はアディスアベバ大学社会人類学部のゲタネ・メハリ准教授の仲介により、ウベにたいし調査協力を依頼した。ウベは 1970 年にヤレッド校に入学し、1972 年から 3 年間、ヴァダシィの講義を受講した。卒業後はダンスの実演・教育にかかわっていない。ウベへの聞き取りは 2019 年 2 月 19 日にアディスアベバ大学内カフェテリアにて実施し、ヴァダシィの講義の内容にかんする半構造化インタビューをおこなった。

3.2.3 講義の概要

　ナガシュとウベへの聞き取り調査により、ヴァダシィの講義の概要が明らかになった。講義への参加期間は、ナガシュは 4 年間、ウベは 3 年間であった。ヤレッド校では主専攻と副専攻が設定されていた。ナガシュの主専攻はバイオリン、副専攻はピアノとエチオピアの民族楽器であった。ウベの主専攻はバイオリン、副専攻はピアノであった。学生側に教科の選択権はなく、初年度は入学時、2 年目以降は年度初めに学校側から渡された時間割に従って講義を受けたとのことである。ヴァダシィの講義は選択科目（extra course）であり、必修ではなかった。選択科目は学生全員に履修の権利があった。

　ナガシュによると、講義は 1 週間に 2〜3 時間開講された。1 クラスあたりの受講生は 10 人程度であった。ナガシュ自身が参加しなかったクラスについてはわからないため、合計でいくつのクラスが開講していたのかは不明とのことであった。なお、ウベによると、ヴァダシィはヤレッド校以外でも教えていたという。講義の内容はバレエであったらしいが、ウベは他校での講義の詳細についてはわからないと述べた。

3.2.4 講義の内容

　ヴァダシィはエチオピア各地でダンスの調査をおこなっており、講義の内容も調査をもとにしていた。ヴァダシィの論文も講義の内容に反映されていた。講義はエチオピアのダンスのみを対象とし、バレエ、コンテンポラリダンスなど、エチオピア以外のダンスはおこなわれなかった。講義では、民族、地域ごとにわけてダンスを指導した。それぞれの民族、地域のダンスにおける動作の特徴に着目し、ダンスに含まれる動作をいくつかの基本的な動作に分類したうえで、動作を 1 つずつ指導する方針が採られた[6]。

　講義では、準備運動の後、その回の講義で取り上げる民族の動作を 1 つずつ学んでいった。ヴァダシィが 1 つの動作を実演し、次に学生も同じ動作をおこなうことで、ひととおりの動作を学んだ。その段階では音楽は使われず、ヴァダシィの声に

---

[6] ウベは聞き取り調査のなかで、ヴァダシィの講義方法は他の地域ではかなり珍しいのではないかと指摘した。しかし、ヴァダシィの講義が及ぼした影響については把握していないとも述べた。

よるカウンティングと手拍子に合わせて学生は動作をおこなった。カウンティング
の方法は演目によって異なり、英語でおこなうこともあれば、アムハラ語など現地
の言葉をもちいることもあった。

　1つの民族、地域のダンスの動作をひととおり学んだ後、音楽に合わせ、全員で
演じることで学習の成果を確認した。音楽は、ヴァダシィが各地で録音したものを
使用した。ウベによると、ヴァダシィが教室に備え付けられている約1メートル四
方くらいの箱を開け、スイッチを入れると音楽が流れたという。学生からは箱の内
側が見えなかったので機材の詳細まではわからなかったが、録音機材を使っていた
のは確かであるとのことであった。

　音楽に合わせて踊ることをつうじて学習の成果を確認した後、結婚式などを想定
して、さまざまな場面にふさわしいダンスにかんする説明と実技がおこなわれた。
たとえばヴァダシィの論文のなかでは、ウォロの「ホタ」というダンスを例に、結
婚式や祝い事とダンスとの関係が述べられている（Vadasy 1973 : 216）。ナガシュ
によると、論文での記述と講義での説明とは一致していたとのことであった。しか
し論文をテキストとして使ったり、座学がおこなわれたりすることはなく、講義は
すべて練習場でおこなわれた。学生たちはヴァダシィによる口頭説明と全員での実
演をとおして、さまざまな状況にふさわしいダンスについての知識と技術を学んだ。

　この講義の特徴は、基本的な動作を学ぶことに主眼が置かれていた点にある。講
義では、ある民族・地域のダンスについて、まず音楽がない状態で基本的な動作を
ひととおり学び、次に音楽に合わせて踊ることで基本的な動作を習得することをつ
うじて、さまざまな状況に合ったダンスを学ぶことが目指されていた。

　この講義のもう1つの特徴は、各民族のダンスについて基本的な動作を学ぶが、
各動作を組み合わせて演目を創作することについては、まったく学ばなかったとい
う点である。ナガシュとウベは、ヴァダシィの目的は動作の特徴を教えることであ
って、演目の創作方法を教えることではなかったと述べている。

　試験については、ナガシュとウベでは若干証言が異なる。ナガシュが受講した当
時は、半期に1度、試験があったと述べている。上半期の試験では受講生がひとり
ずつ前に出て、ヴァダシィが指定した民族のダンスについて、いくつかの基本的な
動作を演じることで評価された。下半期の試験では、たとえば「グラゲの結婚式で
演じるダンス」のように、ヴァダシィが指定した状況にふさわしいダンスを適切に
演じられるかを問う試験がおこなわれたという。

　ウベが受講した講義では定期試験はおこなわれなかったが、1つの民族の動作を
ひととおり学び終えるごとに、基本的な動作をできるか確認する機会があった。ウ
ベは、これが試験に相当したと述べている。

3.3 ヴァダシィの弟子が歩んだ道

　本節ではヴァダシィの講義を首席で修了したナガシュの経歴を手がかりに、2 つ
の点について考察する。1 つは、ナガシュのダンス技術の形成過程を知ることをつ
うじて、国立劇場などのダンサーが技術を習得する過程の特徴を明らかにすること
である。もう 1 つは、ヴァダシィの講義が、国立劇場の演目の制作およびアディス
アベバにおけるダンスに及ぼした影響について考察することである。
　ナガシュの経歴を年表にまとめた（表 3.1）。ナガシュは 1956 年、アディスアベ
バ近郊のセンダファに生まれた。父はショア・オロモ人のムスリムでスーパーマー
ケットの経営者であった。母はアムハラ人でエチオピア正教を信仰する主婦であっ
た。身内にダンスや音楽の関係者はいなかった。
　1960 年、ナガシュはセンダファのジンマ・センベテ小学校（Jimma Senbate
Elementary School）に入学した。この学校には音楽やダンスの授業がなく、音楽や
ダンスにかんするクラブ活動もなかった。学外のダンスクラブなどにも参加しなか
った。しかし当時のアディスアベバは現在よりも伝統的なダンスや音楽が盛んにお
こなわれており、祝日には、市内の広場など至るところで、さまざまな民族のダン
スや音楽に触れることができた。ナガシュもそのような環境でダンスや音楽を楽し
み、自らも参加することをつうじて、自然とダンスと音楽を身に付けていった。当
時について、ナガシュは当時を振り返り、生活のなかでさまざまなダンスを身につ
けるのは当然のことであったが、そこで得られた知識と技術は系統立てられたもの
ではなかったと述べている。
　1969 年、小学校からの推薦でヤレッド校へ入学した。審査は卒業証明書と成績
表の提出のみでおこなわれた。当時の教育制度は初等教育 8 年、中等教育 2 年、高
等教育 2 年であり、ナガシュは中等教育と高等教育に相当する 4 年間をヤレッド校
で学んだ。ヤレッドではバイオリンを主専攻、ピアノと民族楽器を副専攻とした。
しかしこれは自分の意思で選んだものではなく、入学した日に学校側から時間割表
を渡され、それに従って楽器を習った。当時のナガシュは、教師から一方的に時間
割を与えられることに何の疑問もなかったと述べている。
　ナガシュは、選択科目であったヴァダシィの講義を受講することにした。プライ
ベートではヴァダシィの自宅に下宿することになった。ヴァダシィはアディスアベ
バ市内の一戸建てに妻と一緒に暮らしており、ナガシュは卒業までの 4 年間、ヴァ
ダシィ夫妻とともに暮らした。ナガシュは毎日、自室ではバイオリンなどの練習を
して過ごしたという。ナガシュが後に夫人となる女性と出会ったのもヤレッド校で
のことであった。在学中、エチオピア映画の古典的作品「*Gouma*」にも出演した[7]。

---

[7] ナガシュ自身が作成したプロフィール内では、映画のタイトルは「Gumma」になっており、
ナガシュもそう記憶している。しかし「Gumma」はエチオピアの映画賞のひとつである。公
開年や監督の名前などから、「Gouma」のみがナガシュへの聞き取りの内容と一致した。

表 3.1　ナガシュ・アブドゥの経歴

年	経歴
1956	アディスアベバ郊外のセンダファに生まれる。
1960	ジンマ・センベト小学校に入学。
1968	ジンマ・センベト小学校を卒業。
1969	ヤレッド・スクール・オブ・ミュージックに入学。主専攻はバイオリン、副専攻はピアノ。選択科目としてヴァダシィのダンス講義を受講する。
1973	ヤレッド・スクール・オブ・ミュージックを首席で卒業。ヴァダシィのダンス講義でもトップの成績を取る。
1973	奨学金を得てロシアに留学する。モスクワ州立舞台芸術研究所バレエ・ダンス学科に入学。
1975	ルナチャルスキー・インスティチュートにおいて「トラポイグロマ」のディレクターとコレオグラフをおこない修士号を取得する。
1975	フリーランスの通訳とアナウンサーとして、ソ連在住のエチオピア人向けのラジオにかかわる。
1979	エチオピア政府の要請により帰国。文化スポーツ省（Ministry of Culture and Sports）に、コレオグラファーとして所属する。
1980	国立劇場で上演された "The Blossoming of a Flower" のコレオグラファーを務める。
1980	国立劇場で上演された "The Struggle for Unity" のコレオグラファーを務める。
1981	ラス・シアターのジェネラル・マネージャーに就任する。この時期に夫人と正式に結婚した。
1982	IoFA（The International Organization for Adolescents）のエチオピアのダンスのアドバイザーに就任し、ロンドンの音楽祭に参加する。
1982	国立劇場へ異動。リーディング・コレオグラファーとダンサーを兼任する。指導者としての役割も果たす。
1983	国立劇場で上演された "Our Journey" のコレオグラファーを務める。
1986	アディスアベバ建設 100 周年を祝う演目のコレオグラファーを務める。
1991	国立劇場の芸術監督（Artistic Director）に就任する。
1994	ニューヨークのマディソン・スクウェア・ガーデンで上演された「People of the Hottest Place」のコレオグラファーを務める。
1995	国立劇場で上演された "Hamlet" のコレオグラファーを務める。
2002	ダンスグループ「ESKESTA」のイスラエル公演での指導にあたる。
2018	ヤレッド・スクール・オブ・ミュージックにてダンス講義の開講の準備を始める。

　ヴァダシィがエチオピア各地でおこなったダンスの調査に、ナガシュが同行した
こともあった。しかしヴァダシィはナガシュを連れて行っただけで、調査助手など
の役割は与えなかった。ナガシュはこのことについて、ヴァダシィにとって自分は
年若い少年に過ぎなかったので、調査を手伝わせることは考えなかったのだろうと
述べている。

　1973 年、ナガシュはヤレッド校を首席（Great Distinction）で卒業し、記念品と
して金時計を受け取った。この金時計は、後にナガシュの息子にプレゼントされた。
ヴァダシィの講義もトップの成績であり、ヴァダシィから成績優秀者の証明証と推
薦状を受け取った。この講義をとおして、ナガシュは、エチオピアのダンスにかん
する系統立てられた知識と技術を身につけることができたと述べている。

　1973 年、ナガシュは奨学金を得て、ロシア連邦のモスクワ州立舞台芸術研究所
（Institute of Theatrical Arts）に留学した [8]。研究所ではバレエ・ダンス学科に所属
し、チャカロフのもとでバレエを学ぶことになった。ナガシュがバレエを学ぶのは
これが初めてであった。在学中、ロマンティックバレエ、クラシックバレエ、モダ
ンバレエ、コンテンポラリダンス、演劇、民族ダンスを学んだ。

　2 年間のプログラムを経て修士号を取得した。修士号のために、ルナチャルスキ
ー・インスティチュート（Lunacharsky Institute）で上演されたダンス「トラポイグ
ロマ」（Trapoigroma）において、ディレクターとコレオグラファー（振付師）を
担当した。この演目は南アフリカの作家、ピーター・エイブラハムズ（Peter
Abrahams）によって 1948 年に出版された小説"The Path of Thunder"をもとにしてお
り、これをもとにダンス演目化したのが「トラポイグロマ」であった。

　修士号の取得後、1975 年から 4 年間はフリーランサーとして、モスクワ在住の
エチオピア人向けのラジオ局において、アナウンサーと通訳の仕事を続けた。この
時期にヤレッド校で出会った恋人をモスクワに呼び寄せ、再会することになった。

　1979 年、ナガシュはエチオピア政府の要請により帰国することになった。最初
は文化スポーツ省（Ministry of Culture and Sports）にコレオグラファーとして所属
した。1981 年にはラス・シアターのトップである総監督（General Manager）に就
任した。夫人とは事実婚の状態が続いていたが、この時期に、正式に結婚した。

　当時まだ 20 代の若者であったナガシュが、アディスアベバを代表する劇場の総
監督に就任することは、傍目には大出世であったと言えるかもしれない。しかしナ
ガシュにしてみれば、自分はダンサーとして全盛期であり、当然、ダンサーとして
エチオピア政府に招聘されたと思いこんでいたという。しかし実態は、ラス・シア
ターのトップとして、事務と調整役を続ける日々が続いた。ナガシュは当時につい
て、踊りたくてもまったく踊れなかったこの 2 年間が、人生でもっとも辛い時期だ

---

[8] ナガシュがモスクワに留学したのと同時期、テスファイ・レンマが 1971 年から 1972 年にか
けてニューヨークに留学している。テスファイは音楽家として成功を収め、エチオピアのダ
ンスや音楽をもとにした公演もおこなった（池田 2000）。

ったと述べている。1982 年に IoFA（The International Organization for Adolescents）のエチオピアのダンスにかんするアドバイザーとして就任し、ロンドンで開催された音楽祭に参加した。これのみが、ラス・シアターでの 2 年間における、ナガシュのコレオグラファーとしての目立った実績となった。

　1982 年、ナガシュの希望がかない、国立劇場へ異動することになった。国立劇場ではリーディング・コレオグラファーとトップダンサーを兼任し、ダンサーとして活躍しつつ、指導者としての役割も果たした。1991 年には国立劇場の芸術監督（Artistic Director）に就任したが、トップダンサーとして現役を続けた。指導および創作では、ヴァダシィの方法を踏襲することになった。以後、2002 年のイスラエルでの指導を最後に引退するまで、ナガシュはダンサー、コレオグラファーとして活躍した。

　2019 年には、ナガシュはヴァダシィ以来途絶えていたダンス講義をヤレッド校に復活させるための取り組みを進めていた。すでに講義案が作成されており、ヤレッドのスタッフとの協議を進めながら、講義の実現に向けて準備する段階に入っていた。ナガシュの講義案にはヴァダシィの影響が見て取れる。実技ではエクササイズにはじまり、各民族の基本的な動作を 1 つずつ学び、試験ではさまざまな状況にふさわしいダンスを演じることが問われる。一方でヴァダシィの講義にない要素も含まれている。ナガシュの案では座学の時間が設けられており、ここでダンス、身体論、エチオピアの文化にかんする基本的な知識を学ぶ。実技ではエチオピアのダンス以外のバレエ、コンテンポラリダンスなどの要素も取り入れており、よりいっそう身体への洞察を深めることが図られていた。

3.4　ヴァダシィの影響

　ヴァダシィの論文には、ヴァダシィがエチオピアに来た当時は伝統的ダンスにかんするまとまった資料がなかったことが記されていた（Vadasy 1970）。ナガシュやウベは、当時のダンス教育について、ヴァダシィの講義が、アディスアベバの公的な教育機関における最初のダンス講義であったのではないかと述べていた。筆者による文献調査でも、ヴァダシィ以外の講義を確認することはできず、ヴァダシィの講義がアディスアベバにおけるダンス教育の始まりであった可能性が高いと言える。その講義内容は、アディスアベバの劇場やレストランで見出された特徴と一致するものであった。調査をつうじて、ヴァダシィの講義における民族・地域ごとに演目を立てるということと、各民族のダンスを基本的な動作に分類し、1 つずつ学ぶという方法は、ヴァダシィを出発点としてアディスアベバに広がった可能性が示唆された。

　現在でも、国立劇場における創作や練習以外の場でも、ヴァダシィの影響を見て取れる。たとえばダンサーの採用試験では、指定された民族のダンスの基本的な動

作を演じることで審査される。これはヴァダシィの講義の試験と同様である。

　ヴァダシィの影響としてもう 1 つ触れておく必要があるのは、コレオグラファーの役割である。ヴァダシィの講義では基本的な動作の習得に主眼が置かれており、ダンサーの役割とコレオグラファーの役割は異なるものとされていた。この点について、ナガシュは「ダンサーの役割はひとつひとつの動作をおこなうことであって、コレオグラファーの役割とは異なる」と述べていた。第 5 章で詳しく述べるが、現在の国立劇場では「振り付け」と言うと、「基本的な動作の組み合わせ」と「ステージ上での立ち位置の決定」をおこなうことを実質的に意味している。調査のなかで、アディスアベバのプロのダンサーたちにおいては、ダンサーは個々の動作を身につけて表現する者であるのに対し、コレオグラファーは基本的な動作を組み合わせて演目を創作する者であるという認識があることが伺われた。次章で詳述するが、国立劇場の団員となった人びとへの聞き取りでは、国立劇場ではダンサー全員で振り付けを考えることになっており、ダンサーたちは、入団当初は戸惑いを覚えたと証言している。

　本章での調査により、ヴァダシィの方法が、国立劇場を経てアディスアベバの劇場やレストランなどに広まっていった可能性が示唆された。しかしヴァダシィの講義には 1 クラスあたり 10 人程度の受講生がおり、彼らが卒業後、どのような形でアディスアベバのダンスにかかわっていったのかについては、まだ調査できていない。ヴァダシィの影響については、ナガシュから国立劇場を経てアディスアベバに広がっていったのか、もしくはヴァダシィの卒業生たちが各地に散っていくなかで広まったのかについては、今後調査を進める必要がある。とはいえ、本研究をつうじて、アディスアベバのダンスにおけるヴァダシィの影響の一端を捉えることができたと考えられる。

第4章

ダンサーを目指す人びと

4.1　プロのダンサーになるために

　前章では国立劇場におけるダンスの特徴である「民族・地域ごとに演目を立てる」「ダンスを基本的な動作にわける」という2点について、そのような学習と創作がおこなわれるようになった歴史的背景を明らかにした。本章では、国立劇場のダンサーの経歴およびアマチュアダンスグループにかんする調査をもとに、現在のアディスアベバにおいて、上記の方法が広くおこなわれていることを確認する。そして彼らがダンスをどのように学び、プロのダンサーになったのかを明らかにする。

　アディスアベバにおけるダンスの指導にかんする先行研究はきわめて少ないが、遠藤は2001年の時点で、プロのダンサーが幼稚園の部屋を借りてダンス教室を開催している事例を紹介したうえで、ダンスの学び方の変容について考察している（遠藤 2001）。そのなかでダンスの担い手がプロ化していることやプロのダンサーによる指導がおこなわれていることが述べられており、2000年代初頭には、すでにそのような傾向が見られたことがわかる。遠藤はアディスアベバにおいてプロのダンサーによってダンスレッスンがおこなわれている背景について、以下のように考察している。

　　第1に親から子へ、共同体の大人から子供へという伝統的な口頭伝承が機能しなくなったこと、換言するなら口頭伝承の崩壊に瀕していること。第2に一般の人々に舞踊を教えることとプロのダンサーとしての経済的な基盤が整ってきたこと、つまりは舞踊が商品化されだしたこと。（中略）第3に宗教的な儀礼の一環として集団で踊るための舞踊が機能的自立をし、洗練された伝統的舞踊を習得し、自分で踊って楽しむ舞踊へ変化したことを意味しているのではないだろうか（遠藤 2001：134-135）。

　後に詳しく述べるが、アディスアベバのダンサーにとって「プロになる」という言葉が意味するのは、国立劇場などの劇場、ホテル、レストランなどに正規メンバーとして所属し、給与を受け取る立場に就くことである。たとえば学生や技術者などの本業のある者が、不定期に集まってダンスグループを結成し、金銭を受け取ることがあったとしても、これをプロとは言わない。ダンサーたちは、明確にこの点

を意識して「プロ」という語を使っている。

　前章のナガシュ・アブドゥへの調査のなかで、彼の幼少期には街のいたるところでさまざまな民族のダンスにふれる機会があり、それをつうじてダンスを身に着け始めたことが証言されていた。しかしナガシュ自身も述べていたように、そこで身につけることができる技術や知識は系統立てられたものではなく、ヴァダシィの講義をつうじて、さまざまな民族のダンスの知識と技術を身につけることができた。

　ヴァダシィの論文では、おもに 5 つの民族・地域のダンスが取り上げられていた。しかし第 2 章で述べたとおり、今日の国立劇場には 26 の演目が存在し、そのなかにはオロモのように細分化されているものもある。そしてそのなかに含まれる基本的な動作の数は、第 2 章でおこなった調査によって直接確認できたものだけで 262 種類に達していた。これほどまでに演目数が多くなり、すべての基本的な動作をひととおり習得するとなると、地域の祭りなどで学ぶだけは限界が生じる。国立劇場の採用試験ではダンスにかんする知識と技術を持っていることが前提になっており、そのうえで、各人の経歴と、ダンスの技術が審査される仕組みになっている。このような審査を通過するためには、相応の訓練を受ける必要がある。

　国立劇場をはじめとするアディスアベバ市内の有名劇場や有名レストランでプロとして働くことは、ダンサーたちの目標となっている。これらの劇場などで職を得るため、ダンサーを目指す者たちはアマチュアグループなどに所属し、ダンスにかんする知識と技術を習得したうえで採用試験に臨んでいる。次節では、彼らがどのようダンスを学び、国立劇場に採用されるに至ったのかを見ていく。

4.2　調査概要

　伝統音楽部門に所属する男性ダンサー8 名、女性ダンサー7 名にたいし、経歴とダンスの習得について調べるため、以下の調査をおこなった[1]。
・調査日：2019 年 2 月 25 日～2019 年 3 月 11 日
・調査対象者：
　男性ダンサー8 名（ウェグデラス、シセイ、デジェン、ウォルクネ、ツェガネ、フィケル、ベレケット、サムソン）
　女性ダンサー7 名（マサラト、アスター、イェテナイェット、イェニワーク、イェルサレム、カレムウォルク、セラムウィット）[2]
・調査方法：半構造化インタビュー

[1] 2019 年の時点で伝統音楽部門に所属する女性ダンサーは 8 名であるが、1 名は国立劇場に籍を残したままアメリカに長期留学中のため調査できなかった。
[2] 国立劇場に所属するダンサー、演奏家、歌手はメディアなどでも幅広く活動しており、本研究においても、許可を得たうえで名前を伏せずに記述している。

・質問項目：
　①生年月日
　②出身地
　③父親と母親の職業、民族
　④家族・親戚のダンス・音楽の関係者の有無
　⑤ダンサーとしての経歴
　⑥学校でのダンス経験の有無
　⑦プロになるまでのダンスの学習方法
　⑧アマチュア時代に所属したダンスグループの名称、概要、グループとの金銭の
　　授受、グループで習ったダンス演目、ダンスの学習方法

4.3　国立劇場への道－ダンサーたちの経歴

4.3.1　出身地と家族

　ダンサーは全員がアディスアベバの出身であった。ダンスや音楽にかかわる家族がいたのは、男性ダンサーではウェグデラス、デジェン、ウォルクネ、ツェガネ、フィケル、サムソンの計6名であった。そのなかでも家族から直接ダンスを学んだのは、デジェンとツェガネの2名であった。デジェンの父親はハガル・フィケル・シアターのダンサーで、母親は女優であり、子供の頃から劇場に通うなかでダンスを学ぶことになったという。ツェガネは兄がエチオ・セラム・サーカス（Ethio Selam Circus）に所属しており、その影響でツェガネも11歳でサーカス団に加入し、ダンスを学んだ。

　女性ダンサーではマサラトの名付け親（God mother）である伯母が国立劇場のダンサーであり、それがきっかけで国立劇場に通うことになった。

4.3.2　学校とダンス

　学校でダンスを学んだのは、男性ダンサーではウェグデラス、シセイ、ツェガネ、ウォルクネの4名、女性ダンサーではマサラトとアスターの2名であった。

　男性ダンサーでは、ウェグデラスとツェガネは、初等教育のなかでミニ・メディアに参加するなかでダンスを学んだ。ミニ・メディアとは課外活動のひとつであり、校内放送、ダンス、音楽、演劇など、表現活動について幅広く学ぶことを目的としている。ミニ・メディアの活動には、伝統的ダンスも含まれていた。シセイとウォルクネは、12歳でチルドレン・アンド・ユース・シアター（Children and Youth Theater）に入学した。この学校はアディスアベバにある私立学校で、ダンスや音楽などを学ぶことができる。彼らはここで伝統的ダンスを学んだ。

　女性ダンサーでは、マサラトが中等教育の部活動でのダンスの経験があった。ただ、マサラトは国立劇場で非公式にダンスを学ぶことに熱中してしまい、学校へ行

かなくなったため、部活動ではほとんどダンスを習わなかった。アスターは私立の専門学校であるラクマノ・カレッジで3年間ダンスを学んだ。

他のダンサーたちは、学校でのダンス経験がなかった。

4.3.3　アマチュア時代

4.3.3.1　アマチュアの意味

筆者は調査のなかで、ダンサーたちから何度も「アマチュア」という語を聞くことになった。本来アマチュアには「愛好者」「素人」「ノンプロフェッショナル」のような意味合いがあるが、国立劇場のダンサーがアマチュアという語をもちいる際は、明確な意味があることがわかった。彼らにとってのアマチュアとは、劇場、レストラン、ホテルなどと継続的な雇用契約を結んでおらず、給与を受け取っていない身分であることを表している。ダンサーを目指す者たちがダンスグループやNGOなどに所属し、無給で過ごしながらダンスを習得するような立場にある場合もアマチュアと認識される。たとえ金銭を受け取るとしても、アマチュアグループで時々謝金を受け取れる程度の状態であるならば、それはプロと呼ばれない。ダンサーたちがアマチュアと言う際の発音は「アマタ」または「アマター」に近く、彼ら独自の用語として定着していることがうかがわれた。

4.3.3.2　非公式・非正規で学ぶ事例

アマチュア時代に、国立劇場などで非公式にダンスを学ぶという方法がある。このような形で学んだのは、男性ダンサーではウェグデラスとデジェン、女性ダンサーではマサラトである。以下に3人の例を示す。

・ウェグデラスの例

　15歳で非正規にシティ・ホール（アディスアベバ市内の劇場）に加入し、ダンスを学び始めた。シティ・ホールでは正規雇用されるのは18歳からのため、それまでは非正規なので給与をもらえなかった。18歳になると正規雇用され、IDを与えられ、給与をもらえるようになった。

・デジェンの例

　両親がハガル・フィケル・シアターに所属していた。その縁で、子供の頃から非公式に劇場でダンスを学ぶことができた。

・マサラトの例

　国立劇場の歌手であった伯母の縁を頼りに、非公式にダンスを学んだ。マサラトが国立劇場へ通い始めたのは15歳の頃であった。伯母の衣装などを劇場に届けるために、何度も劇場へ行くことになったのがダンスを学ぶきっかけであった。16歳の頃には学校よりもダンスを学ぶことの方が楽しくなり、両親には「学校に行く」と言って家を出て、そのまま国立劇場に行ってダンスを学ぶ日々が続いた。マサラトは「親にとっては悪い娘だったと思う」と当時を振り返っている。

4.3.3.3　劇場のフリーサービスコースを利用する場合

　国立劇場などには「フリーサービスコース」が設置されている。このコースでは、劇場と雇用契約を結ばないが、劇場所属のダンサーという扱いで練習や上演にかかわることができる。これは正式な制度であり、劇場側もコースで学んでいるダンサーのことを把握している。本人が希望し、それに応じるダンサーがいれば、劇場に所属するダンサーからダンスを学ぶこともできる。国立劇場の場合、2019 年の時点ではフリーサービスコースは無料である。参加申し込み者のなかから、書類選考により、半年ごとに最大 2 名までが選ばれることになっている[3]。

　この方法でダンスを学んだのは、男性ダンサーではシセイ、ツェガネ、フィケル、ベレケットの 4 名、女性ダンサーではイェニワーク、イェルサレム、カレムウォルクの 3 名であった。ただしシセイは「授業料を払っていなかったので ID をもらえなかった」と述べており、他の 6 名とは違い、非公式同様の状態であったといえる。フィケルは 1 度プロになった後でフリーサービスコースを利用している。フィケルは空軍に入隊し、軍隊所属のダンサー、音楽家として 3 年を過ごした。除隊後に国立劇場のフリーサービスコースで 3 ヶ月学び、プロとしての活動を再開している。

4.3.3.4　アマチュアグループで学ぶ事例

　ダンサーを目指す者がアマチュアグループに参加し、無給でダンスを学ぶこともある。このような方法でダンスを学んだのは、男性ダンサーではウェグデラス、ツェガネ、ベレケット、サムソンの 4 名、女性ダンサーではイェテナイェット、イェニワーク、イェルサレム、セラムウィットの 4 名であった。全員、所属グループからは固定給をもらうことはなかったが、ショーなどでダンスを披露して謝金を受け取ることはあった。

　ダンサーからグループへ授業料を支払っていたのはイェニワークのみで、所属していたワワケマというグループにたいし毎月 500 ブル[4]を支払っていた。同グループにはツェガネも所属していたが、ツェガネは授業料の支払いをしていなかった。イェニワークはツェガネと入れ違いでグループに加入しており、その間に運営方針が変わったのかもしれないと述べていた。

　ここでは男性ダンサーのウェグデラスとサムソンを例に、アマチュアグループの活動を見ていく。

・ウェグデラスの例

　ウェグデラスはプロになるまでに 2 度、アマチュアグループに所属している。1 度目は 12 歳から 14 歳までの時で、地元のグループに所属していた。所属メンバーは 21 人であった。このグループでは週に 4〜5 日、午後 5 時〜7 時まで練習

---

3 伝統音楽部門ディレクター、ウェセニェレフへの聞き取り調査。調査期間中に伝統音楽部門でフリーサービスコースを利用していたのは 1 名のみであった。
4 エチオピアの通貨単位で、アムハラ語で「お金」を意味する語である。本書執筆時点（2021 年 3 月）では 1 ブルは約 2.7 円であるが、時期によって違いが大きい。

をした。指導者はおらず、ダンスを学ぶ際はビデオを見ながら互いに教えあった。
　2度目は16歳から18歳までの時で、高校に通いながらNGO「Hiwot-HIV」の
ダンスグループに所属した。メンバーは31人が所属しており、給与の支払いは
なかった。1回のショーで50〜100ブルをもらえた。練習は週3回、平日の放課
後に1回と土日が練習日であった。このNGOでは宣伝と人集めのためにダンス
を利用していたとのことである。現在もこのNGOは活動を続けているが、ダン
スを使わなくても人集めができるようになったのでダンスグループは解散した。
・サムソンの例
　サムソンは17歳の頃にアマチュアグループに所属してダンスを学んだ。メン
バーは男性8人、女性8人であった。火曜、木曜、土曜の週3回、午後4〜6時
に2時間の練習がおこなわれた。指導者は男性ダンサーのダニエルで、彼からダ
ンスを教わることもあれば、みんなで教え合ったり、ビデオを見たりして学ぶこ
ともあった。アマチュアのサッカーの試合の余興などでダンスを披露することも
あり、1回あたり250ブルをもらえた。2019年の時点でグループは解散しており、
指導者のダニエルはロンドンでダンサーをしているとのことであった。

4.3.3.5　プロのグループで学ぶ事例

　プロのグループで、アマチュアとして無給でダンスを学ぶ場合もある。このよう
な学び方をしたのは、男性ダンサーのフィケルのみである。フィケルは11歳から
兄の所属するサーカス団「エチオ・セラム・サーカス」に無給で所属して、ダンス
と音楽を学んだ。

4.3.3.6　独学

　男性ダンサーのデジェン、ツェガネ、サムソンの3名からは、ビデオなどをもち
いた独学について言及があった。エチオピアではテレビで毎日のように音楽のプロ
モーションビデオが流れており、さまざまな民族のダンスを見ることができる。ダ
ンサーたちがビデオでダンスを学ぶ際、テレビで流れるプロモーションビデオや劇
場での公演のビデオなどをもちいる場合がある。ダンスの教則ビデオのようなもの
は販売されておらず、このようなビデオが映像で学ぶ際の資料となっている。ここ
では男性ダンサーのデジェンを例に、ダンスの独学について示す。
・デジェンの例
　デジェンはハガル・フィケル・シアターでプロとして活躍していた両親をとお
してダンスを学びつつ、ビデオをもちいた独学によって知識を補った。さらに
10代のうちにモダンダンス、振り付け、楽器の演奏技術を身につけた。さらに
ステージ上での立ち位置や移動の方法を地図のように示す「マッピング」の方法
を独学で編み出した。

4.4　プロとしてのキャリア形成

　劇場、レストラン、ホテルなどに採用され、正規の雇用契約を結び、給与を受け取るようになるとプロとしてのキャリアが始まる。アマチュアからすぐに国立劇場のような歴史と格式があるとされる劇場に採用されることもある。このようなキャリアをたどったのは、男性ダンサーのウェグデラス、シセイ、ツェガネ、ベレケットの4名、女性ダンサーのマサラト、アスター、イェテナイェット、イェルサレム、カレムウォルクの5名である。

　一方、さまざまな職場でプロとしてのキャリアを重ね、国立劇場の採用にたどり着いた者もいる。ここでは男性ダンサーのウォルクネの例を示す。

・ウォルクネの例

　ウォルクネは12歳から5年間、チルドレン・アンド・ユース・シアターでダンス、音楽、演劇などを学んだ。17歳の時、アレム・シネマ（Alem Cinema）に就職した。ここは映画館と劇場が併設されており、ウォルクネは3年間働きながら、ダンスと振り付けについて学んだ。その後、20歳で有名劇場のひとつであるラス・シアターに採用された。昼間はラス・シアターで働きながら、夜は劇場併設の映画館であるアンバサダー・シネマ（Ambassador Cinema）[5]でも働きはじめた。その後、ダンスを鑑賞できるレストランのアンティカ、エチオ・ミレニアム、ベルベットでキャリアを重ね、24歳で国立劇場での採用に至った。

4.5　ダンスの演目と動作

4.5.1　演目

　国立劇場のダンスには「民族・地域ごとに演目を立てる」「基本的な動作の組み合わせで演目を創作する」という2つの特徴があった。ダンサーたちがこれまでに所属したグループについて、これら2つの点を確認した結果、「民族・地域ごとに演目を立てる」という特徴は、プロとアマチュアのすべての学校とグループに共通して見られた。

　演目数はグループごとの差が大きい。もっとも演目数が少なかったのはサムソンが所属していたアマチュアグループである。そのグループではウォロ、グラゲ、オロモ、ゴンダール、ゴッジャム、ティグレの順に6演目のみ学び、それ以外はいっさい学ばなかった。これらの演目は、他のグループでも学ばれることが多かった。

　一方でツェガネとイェニワークが所属したワワケマ、セラムウィットが所属したシェゲルのように、約20種類の演目をおこなうアマチュアグループもあった。

---

[5] 2019年の時点では映画館のみが残っているが、ウォルクネが働いていた当時は劇場も併設されていた。

4.5.2　基本的な動作

　もうひとつの「基本的な動作の組み合わせで演目を創作する」という特徴についても、多くのグループで共通して見られた。このような方針を採っているグループに所属したダンサーは、各演目の基本的な動作を 1 つずつ学んでいくことでダンスを身に付けていた。

　例外は、指導者がいないグループの場合である。いくつかのアマチュアグループや課外活動では指導者がおらず、ビデオを見ながら学んでいた。そのため、基本的な動作を学び、動作を組み合わせて演目を創作するという方法はおこなわれていなかった。しかし指導者がいないグループであっても、イェルサレムが所属していたチャデットでは、ビデオを見ながら基本的な動作を 1 つずつ学ぶという方針が採られていたとのことであった。いずれの場合であっても、すべてのダンサーは、国立劇場に採用されるまでに基本的な動作の組み合わせで演目を創作しているグループに所属して、ダンスを学んでいたことがわかった。

　指導者がいたアマチュアグループでは、基本的な動作を組み合わせて演目を創作するのは指導者の役割であることが多かった。例外は女性ダンサーのイェテナイェットが所属していたケブル・ズェベイェナのみであり、このグループの指導者であったタデレは、ダンスとともに、振り付けについてもメンバーに教えていた。それ以外のグループでは、ダンサーたちが動作の組み合わせを考えたことがなかったことがわかった。ダンサー自身が動作の組み合わせを考えるようになったのは、プロになってからのことであった。

　調査をとおして、民族・地域ごとに演目を立て、各民族における基本的な動作に分けてダンスを学び、動作の組み合わせで演目を創作するという方法をおこなっているグループに所属し、そのなかでダンスを学ぶことが、プロになるための重要な条件である可能性が示唆された。

4.6　アマチュアグループの活動事例

　前節までは、国立劇場のダンサーたちの経歴をもとにダンスの学び方について述べてきた。いずれの事例も最終的には国立劇場にたどり着いたダンサーたちのものであり、見方を変えれば、アディスアベバにおいて成功を収めたダンサーたちのものであったといえる。国立劇場の採用試験の競争倍率は最低でも 50 倍であり、多い時には 200 倍にまで達する。実際のところアマチュアからプロになれるのは稀な事例であり、大多数はプロになれないままダンサーへの道を諦めることになる。この節では、まだプロになれるかわからない位置にあるダンサーたちが、アマチュアグループでどのような活動をしているのか見ていくことにする。

4.6.1　調査対象と調査方法
調査対象と調査方法は以下のとおりである。
・調査対象：アマチュアグループ「コンソ」（Konso）
・調査日：2018 年 8 月 29 日
・調査方法：グループの概要、活動内容にかんする聞き取り調査

4.6.2　グループの概要
「コンソ」は、アディスアベバ市内を走るライトレールのランチャ（Lancha）駅近くの練習場を拠点としているアマチュアダンスグループである。メンバーは男性 8 人、女性 8 人が所属している。全員がダンサーであり、歌手、演奏家はいない。
グループをまとめているのは男性ダンサーのロベルである。ロベルはダンサーと DJ を本業とするプロであり、指導者とマネージャーを兼ねてこのグループのまとめ役をしている。ロベルによると、おおよそ 10〜15 年前にこのグループが創設されたとのことである。しかしこのグループでは、指導者をふくめメンバーが何度も入れ替わっており、ロベル自身もグループの正確な創設年を把握していなかった。
練習は、おもに月曜、火曜、木曜におこなわれている。平日の練習は午後 5 時から 7 時にかけておこなわれる。土曜に練習する場合は午後 12 時から 3 時、日曜は午前 9 時から午後 12 時までとなる。
メンバーからグループへの授業料の支払いはない。グループが仕事を請けて出張公演をおこなう際の出演料は、1 人あたり 150 ブルである。公演内容は、サッカーの試合での余興、結婚式、政府イベントなど多岐にわたっている。

4.6.3　ダンス演目と習得方法
このグループでも民族・地域ごとに演目を立てている。演目はウォロ、グラゲ、オロモ、ゴンダール、ゴッジャム、ティグレがあり、さらにグループ名にちなんで、コンソ、ウォライタ、ガモなどのエチオピア南部の演目もおこなっている。
個々の演目については、基本的な動作を 1 つずつ学んでいくことでダンスを身に付けるとのことであった。ロベル自身が指導することもあるが、ロベルが練習に立ち会えない場合はメンバーどうしで教え合う。練習時には録音された音楽をもちいている。基本的な動作を組み合わせて演目を創作するのも、他のグループと同様である。このグループでは指導者のロベルが演目の流れを決め、その後はロベルとメンバーが練習のなかで演目の流れを改変していくという方針を採っている。

4.6.4　プロを目指すメンバー
ここではグループ内でプロを目指している男性ダンサー3 名の事例を示す。彼らは 3 名ともカレッジの最終学年であり、それぞれ、機械工学、コンピュータ、建築を学んでいる。彼らがコンソで学び始めたのは 15 歳の頃からである。彼らは学ん

だ技術を活かせる職場への就職を目指しつつ、アマチュアダンサーとして活動しながら、劇場やレストランのオーディションを受け続けている。

彼らはプロのダンサーとして採用が決まっていない。プロのダンサーになれなかった場合の進路を尋ねたところ、3 人とも、ダンサーを諦めて技術者になるとのことであった。彼ら自身、ダンサーになるための実質的な期限は、12 年間の教育課程が終わる年か、その後の専門学校や大学の卒業時であることを自覚していた。卒業までにまだ時間的な余裕がある他のメンバーに聞いても、その点は同様であった。

卒業後にも仕事をしながらアマチュアとして活動を続けることはできるが、その状態からプロになるのは困難であるという話も聞くことができた。3 名とも、プロになれなかった場合、卒業後にアマチュアを続ける意思はないとのことであった。

4.7　アマチュアへの指導

アマチュアがプロに依頼して、ダンスの指導を受けることもある。アマチュアグループがプロからの指導を受ける場合、グループのメンバーでお金を出し合ってプロに依頼することになる。筆者が国立劇場でウェグデラスから受けたダンスレッスンも、このような指導のひとつであったといえる。

ここでは国立劇場の男性ダンサーのサムソンが、ワタトシェというアマチュアグループに依頼されておこなった指導内容を示す。この事例は 2018 年 9 月 18 日におこなったサムソンへの聞き取りのなかで聞いたものであり、実際にこのグループでの調査をおこなえていない。このグループはすでに解散しており、プロのダンサーを輩出するまでには至らなかったとのことであった。

ワタトシェはアディスアベバ市内の聖リデタ教会周辺を中心に活動していた。サムソンがワタトシェから指導の依頼を受けたのは 2015 年 8 月のことであった。このグループの活動拠点はサムソンの自宅の近所であり、すでに見知ったメンバーで構成されており、無料で教えることになった。プロに指導を依頼する際の謝金は交渉次第であり、この事例では、近所付き合いの一環として無料でおこなったと述べている[6]。アマチュアグループが必要な謝金を用意できず、レッスンの実施に至らないこともある[7]。

サムソンの指導は、火曜、木曜、土曜の週 3 回、2 ヶ月間にわたっておこなわれた。民族・地域ごとに演目を立て、基本的な動作を 1 つずつ教えるという指導方針

---

[6] 筆者がウェグデラスから受けたレッスンは 1 回 400 ブルであったが、サムソンによるとエチオピア人から見ればかなり高い設定とのことである。ウェグデラスは日本のテレビ番組に招聘され、3 日間で 10 万円の謝金を受け取ったことがあった。ウェグデラスによると、筆者も日本人なので本当はもっと要求したいが、友人価格ということで 400 ブルにするとのことであった。

[7] 筆者がダンスレッスンを受けていた際も、レッスンを希望するグループが 2 度見学に訪れた。しかしいずれのグループも金銭面での折り合いがつかず、実施に至らなかった。

は、他の事例と同様である。演目は、オロモ、ティグレ、グラゲ、アムハラ（ウォ
ロ、ゴンダール、ゴッジャム）の順でおこなわれた。サムソンがアマチュアに指導
する場合は、ワタトシェに限らず、これらの演目を順番どおりにおこなうとのこと
であった。指導では各演目の基本的な動作を1つずつおこない、ひととおりできる
ようになったのを確認してから次の演目に移ったという。演目について、サムソン
は、アマチュアの場合は上記のみで十分であると考えていた。たとえばアムハラの
演目に含まれるカミセ、メンジャーなどは一切やらないとのことであった。

4.8　ダンスをめぐる環境の変容

　現在のアディスアベバにおいて、プロ、アマチュアを問わず、ヴァダシィの講義
と同様の方法でダンスの学習がおこなわれていることがわかった。演目については、
本章で調べたすべてのグループにおいて、民族・地域ごとに演目を立てるという方
法がもちいられていた。そして各演目における基本的な動作を分類し、学習の際は
1つずつ動作を学んでいき、創作の際はそれぞれの動作を組み合わせるという方針
は広く行き渡っていることがわかった。

　本章の冒頭で示したように、遠藤は、ダンスの学び方について、共同体において
大人から子供へ伝えていくという方法から、都市部におけるプロによる指導へと移
っていく事例を紹介していた（遠藤 2001）。第3章でおこなったナガシュへの聞
き取りでは、幼少期には祭りなどの場でダンスを学べたが、系統立てられた知識と
技術を身につけることができたのはヴァダシィの講義においてであったと述べて
いた。これもダンスの学び方の変化を示す事例であるといえる。

　国立劇場のダンサーたちのほとんどは、プロになる前の段階で、約20の民族の
ダンスについて、基本的な動作を1つずつ学ぶことをとおして習得していた。プロ
を目指すダンサーにとって、約20の民族と、そのなかに含まれる動作を幅広く学
ぶことがスタートラインとなっている。そのうえで個々の動作を洗練させていかな
ければ、有名劇場やレストランの採用試験で選ばれないという現実がある。

　ダンスを学ぶ場について、もともと地域社会でダンスを学べたが、学ぶ場が学校、
劇場、アマチュアグループなどへと移っていきつつあることを見出だせた。ヴァダ
シィが懸念したような、エチオピアのダンスにかんするまとまった資料がないとい
う状況はいまでも続いていた。本章の冒頭で、遠藤（2001）が都市部のダンスにつ
いて「口頭伝承の崩壊に瀕している」と指摘していることを挙げた。調査をつうじ
て、ダンスの学び方は変わっていきつつあるが、劇場における見習いやアマチュア
グループなどへの参加によって、プロから直接指導を受けたり、互いに教えあった
りできる仕組みは、現在も形を変えながら続いていることが明らかになった。

第5章

伝統音楽部門における新演目の創作
─「シダマ」を事例に

5.1. 国立劇場と新演目

　現在の国立劇場には 26 の民族・地域を題材としたダンス演目があるが、いまだに演目化できていない民族のダンスもある。国立劇場ではエチオピアの各民族にかんする調査が進んでいなかったことをふまえ、2012 年以降、さまざまな民族・地域のダンスにかんする調査を進め、演目を増やしていこうとしていた（Ethiopian National Theater Public relation department 2015）。そのような流れのもとで、伝統音楽部門では毎年の新年公演を目標に新演目を創作してきた。

　本章では 2017 年の新年公演で公開された新演目「シダマ」（Sidama）を例に、国立劇場における創作の過程に着目する 1。ダンスの創作はダンサー主導でおこなわれたが、音楽家、歌手、劇場のスタッフなど、さまざまな人びとも創作にかかわる。本章では、新演目の創作にかかわる人びとの実践を明らかにする。

5.2　新演目「シダマ」

5.2.1　演目の概要

　「シダマ」は、エチオピア南部のシダモの人びとのダンスと音楽をもとに創作された新演目である。エチオピア暦で 2010 年 1 月 1 日（西暦 2017 年 9 月 11 日）の新年公演において初公開された。この演目は、交流と恋愛をテーマとした楽曲「レンボ・レラ（*Lembo Lela*）」とともに演じられる。このタイトルは、シダモ語で「私のもとに来てください」という意味である。新年公演では男性ダンサー4 名、女性ダンサー4 名、男性演奏家 6 名、女性メイン歌手 1 名、男性コーラス 3 名の計 18 名で演じられ、上演時間は計 4 分 37 秒であった。

---

1 エチオピア南部、シダモ州を中心に暮らす人びとが「シダマ」である。シダモは地名であり、演目名の「シダマ」は、シダモの人びとと、シダモのダンスという意味合いになる。

5.2.2 演目の流れとダンサーの立ち位置

　写真 5.1 に「シダマ」の上演の様子、図 5.1 にダンサーの立ち位置に着目して「シダマ」の流れを示した。この表ではステージを台形で示しており、下辺が客席側、上辺がステージ奥側となる。男性ダンサーを三角（△）、女性ダンサーを丸（○）、女性歌手を四角（□）で表記し、矢印でそれぞれの進行方向を示している。たとえば場面 1 では女性歌手がステージ下手から登場し、女性ダンサー4 名が上手から登場することを表している。

場面 1　　　　　　　　　　　　　　場面 2

場面 3　　　　　　　　　　　　　　場面 4

場面 5

写真 5.1　シダマの 5 つの場面（2017 年 9 月 11 日筆者撮影）

図 5.1　新演目「シダマ」の内容

・場面 1．（0：00〜）
女性メイン歌手がステージ下手、女性ダンサー4 名がステージ上手から並んで登場する。女性ダンサーたちは列になって左右の腕を同時に振りながら中央へ進む。

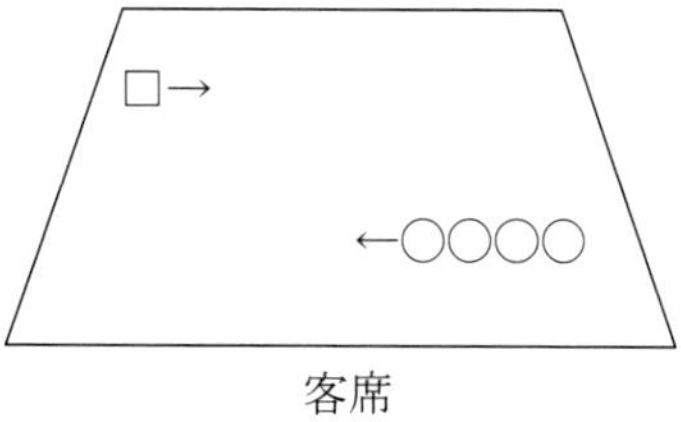

・場面 2．（1：00〜）
ステージ上手から男性ダンサー4 名が登場する。棒を持ち、並んで横歩きしながら、全身を上下に揺すり、舞台中央へ進む。女性ダンサーが左右 2 人ずつにわかれながらステージの前方へ出る。

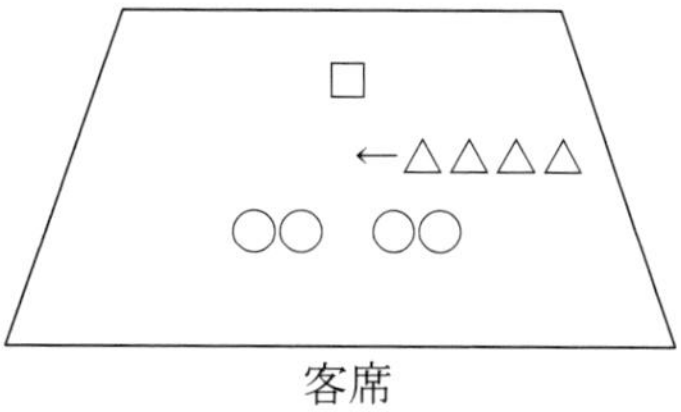

・場面 3．（1：44〜）
女性ダンサーの列が前、男性ダンサーの列が後ろになり、歌とリズムに合わせ、男女のダンサーが互いのあごを重ねて顔を左右に振る、「ハノ」の動作をおこなう。

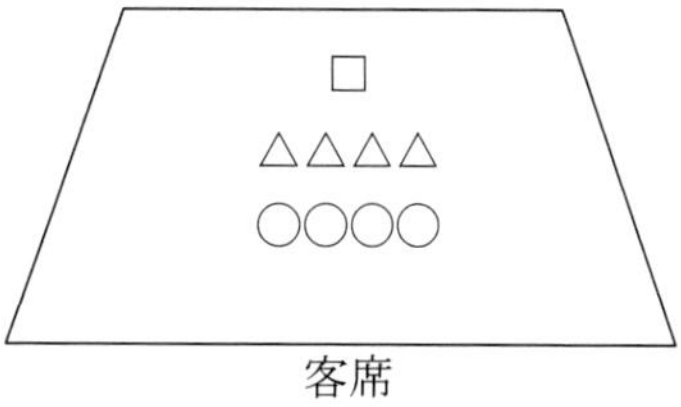

・場面 4．（2：12〜）
男女 1 名ずつがペアになり、ステージ上手の手前側に 2 組、ステージ下手の奥側に 2 組が横に並んで立ち、向き合って、顔と体を互いに左右に振りあう動作をおこなう。

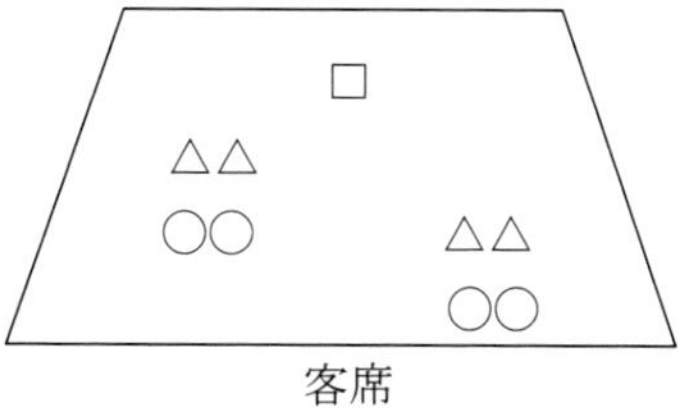

・場面 5．（3：45〜4：37）
女性ダンサーが退場する。男性ダンサー4 名がステージ中央に移動し、体を上下に揺らしながら輪になって「ケタラ」を踊った後、女性歌手と男性ダンサーが退場する。

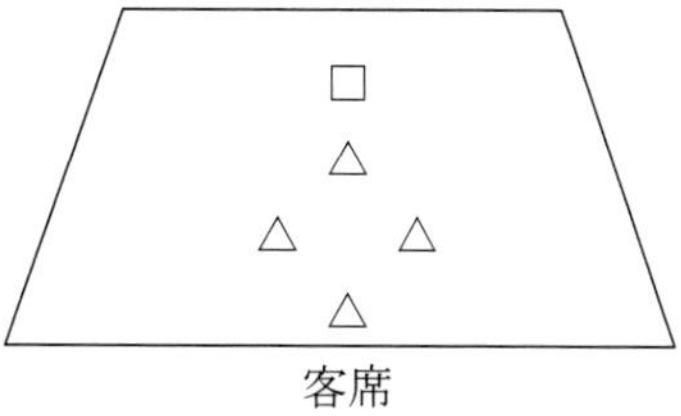

△＝男性ダンサー、○＝女性ダンサー、□＝女性歌手。楽器の奏者など、他の出演者は演目中に位置を変えない。

この演目における特徴的な動作として、場面 3 と 4 で演じられる、未婚の男女が交流の際に踊るハノ（*Hano*）がある。ハノの特徴は、男女が並び、互いのあごや頬を重ねて顔を左右に振る動作がおこなわれることである。場面 5 では、男性が槍を振り下ろす動作を模したケタラ（*Kemtala*）というダンスを取り入れている。

5.3　基本的な動作の組み合わせ

「シダマ」における女性の基本的な動作を表 5.1、男性の基本動作を表 5.2 に示した。これらは第 2 章での調査をつうじて得られた資料である。そのうえで、演目内での基本的な動作の組み合わせについて、5 つの場面ごとに示す。

・**場面 1**

演奏の開始とともに、ステージ下手から女性歌手が登場する。ステージ上手から、女性ダンサー4 名が登場する。ダンサーたちは両腕を左右同時に前に出してあごを引き、左右同時に後ろに下げてあごを上げるのを繰り返して歩く（表 5.1 の 1 番の動作）。

4 人がステージ中央に並び、顔を上下に振って手拍子しながら足踏みし、首を回す動作を繰り返す（表 5.1 の 3 番の動作）。この動作をしながら男性ダンサーの登場を待つ。

・**場面 2**

男性ダンサー4 名が、ステージ上手から、右手に棒を持って全身で小刻みにリズムを取りながら歩いて登場する（表 5.2 の 1 番の動作）。女性ダンサーは表 5.1 の 1 番の動作で歩いて、2 人ずつ左右に分かれながら舞台前方へ出る。

・**場面 3**

男性ダンサーが 1 番、女性ダンサーが 1 番の動作で歩いて 2 列になる。女性ダンサーが男性のほうを向き、男性に向けてあごを突き出す動作を繰り返す（表 5.1 の 5 番の動作）。ハノの場面では、男性ダンサーは左手で女性の肩を抱きながら、女性ダンサーのあごに自分のあごを乗せて顔を振る（表 5.2 の 3 番の動作）、女性ダンサーは膝を曲げて上を向き、男性ダンサーのあごが自分のあごに乗るようにして顔を振る（表 5.1 の 2 番の動作）。その後、男性ダンサーと女性ダンサーは向き合った状態で、男性ダンサーはリズムを取りながら上半身を左右に振る（表 5.2 の 5 番の動作）。女性ダンサーは両腕を左右に動かしながら顔を左右に振る（表 5.1 の 6 番の動作）。

・**場面 4**

男性ダンサーは 1 番の動作、女性は 1 番の動作で歩き、位置を変えながら男女 1 名ずつのペアになる。向き合って、男性ダンサーは右手の棒を右肩に置いた状態で、あごを出すのと引くのを繰り返す（表 5.2 の 9 番の動作）。女性ダンサーは両腕を下ろした状態で動かさず、あごを上下させる動作を繰り返す（表 5.1 の 5 番の動作のアレンジ）。

　女性ダンサーが 1 番の動作で歩いて近づき、場面 3 と同様、男性ダンサーは 3 番の動作、女性は 2 番の動作でハノをおこなう。

　男性ダンサーと女性ダンサーが向き合い、男性ダンサーは右足を 3 回ずつ踏み込みながら、あごを上下に動かす（表 5.2 の 10 番の動作）。女性は 6 番の動作をおこなう。女性ダンサーがひざまずいて、男性ダンサーは 3 番の動作、女性ダンサーは 2 番の動作でハノをおこなう。女性ダンサーは 1 番の動作で退場する。

・場面 5

　男性ダンサーが 1 番の動作で歩きながら、ステージ中央で円になる。右手に持った棒で地面を刺すような動作をする（表 5.2 の 7 番の動作）。両脚を開いて前かがみになって体勢を低くし、頭を前後に動かす動作をおこなう（表 5.2 の 8 番の動作）。男性ダンサーは 8 番の動作をおこないながらステージ上手側に 2 名、下手側に 2 名が退場する。女性歌手が歩いて退場する。

表 5.1　シダマの基本的な動作（女性）

No.	動作の名前	動作の内容
1	Shubushabo	歩きながら、両腕を左右同時に前に出してあごを引き、左右同時に後ろに下げてあごを上げるのを繰り返す。
2	Hano	膝を曲げて上を向き、男性のあごが自分のあごに乗るようにして顔を振る。
3	Shubushabo	顔を上下に振り、手拍子しながら歩くのを 3 度繰り返す。4 度目は顔を回した後にうなずくように動かす。
4	Chefera	両膝に両手を置き、スカートを払うような動作をしながら全身を上下に動かす。
5	Chefera	男性と向き合い、両腕を同時に前に出してあごを引き、左右同時に後ろに下げあごを上げるのを繰り返す。
6	Chefera	男性と向き合い、両腕を左右に動かし顔を左右に振る。

表 5.2　シダマの基本的な動作（男性）

No.	動作の名前	動作の内容
1	Shubushabo	右手に棒を立てて持ち、右肩に担ぐ。左右の足を交互にステップしながら、両腕を同時に前後させる。腕を前に出す際に顔を下げ、腕を後ろに引く際に顔を上げる。
2	Chefara	棒を両手で立てて持ち、右肩に担ぐ。片方の足で前後にステップしたあと、もう一方の足で前後にステップする。
3	Hano	右手に持った棒を地面に突き立てた状態で、女性と向かい合い、左足を前に踏み出して、相手のあごに自分のあごを重ねて顔を左右に動かす。
4	Kemtara	右手の棒で地面を突きながら、前傾姿勢になって顔を突き出す動作と、背筋を伸ばして両腕を前に伸ばす動作を交互におこなう。左右の足を交互にステップする。
5	Hano	右手に持った棒を地面に突き立てた状態で、女性と向かい合い、左足を前に出し、左手で女性の肩を抱く。曲に合わせ、上半身を左右、または前後に動かす。
6	Kemtara	棒を立てて持ち右肩に担ぐ。両脚を開いて立ち、左右の足でステップする。ステップに合わせ首と両腕を動かす。
7	Kemtara	棒を右手で持ち、振り上げるのと地面に突き立てるのを繰り返しながら、左右の足で交互にステップする。
8	Kemtara	右手に棒を立てて持ち、右肩に担ぐ。両脚を開いて前かがみになって体勢を低くし、頭を前後に動かす。
9	Hano	右手に棒を立てて持ち右肩に担ぐ。リズムを取りながら、右足を 3 歩その場で踏むのに合わせて顔を前後に動かす。
10	Hano	両手で棒を持ち、脚を右、左の順に、交互に 6 回ステップする。7 回目で右足を上げ、1 拍子止める。

5.4　創作にかかわる人びとの実践

　新演目の創作において、ダンサーをはじめとする人びとの実践を明らかにするため、以下の内容について検討した。
・期間：2017 年 8 月 6 日～2017 年 9 月 14 日
・対象：国立劇場伝統音楽部門、国立劇場調査部門、国立劇場資料室
・方法：観察調査、聞き取り調査、文献調査

　上記の期間に新演目の創作にかかわる練習などについて、練習の観察と聞き取りをおこなった。観察をもとに、ダンサー、音楽家、歌手にたいし聞き取りをおこなうことにより、創作の全体的な流れを把握した。2017 年 9 月 14 日、伝統音楽部門ディレクターのウェセニェレフにたいし、ダンサーや歌手などへの聞き取りをふまえたうえで、創作の流れについて確認するための聞き取りをおこなった。

5.5　調査部門の役割と楽曲の創作

5.5.1　各民族のダンスと音楽

　表 5.4 に創作の流れを示す。ここではダンスにかんする調査から新演目「シダマ」の創作決定を経て、演目用の音楽を創作するまで（1〜4）について検討する。国立劇場には調査部門がある。この部門では、1 名のディレクターと 4 名のスタッフが、毎年 4 つ前後のテーマ（民族、地域、ジャンルなど）を設定して、さまざまな民族のダンスと音楽の調査にあたっている。シダモのダンスと音楽についての調査は 2014 年から 2015 年にかけておこなわれ、冊子と映像記録にまとめられた。これらの記録は、調査部門の事務室と劇場内の資料室において閲覧できる。

5.5.2　新演目の決定

　2017 年 7 月、劇場の最高責任者と伝統音楽部門ディレクターのウェセニェレフとの協議により、調査部門が過去におこなった調査項目をもとに「シダマ」の創作を決定した。ウェセニェレフへの聞き取りによると、協議段階では、調査部門の調査項目のみを知っていたが、その内容までは知らない状態であったという。演目の決定後、ウェセニェレフは初めて調査資料を閲覧したとのことであった。

5.5.3　歌手による歌と音楽の習得

　国立劇場では、各民族の歌の歌詞はそれぞれの言語によって書かれ、それぞれの出身者が歌うことになっている。通例ではシダモ出身者が新規採用されて新演目の創作にあたることになる。しかし今回は、特例として、2017 年 7 月に女性歌手のハンナがシダモの人びとのもとへ赴いて音楽などを習った。彼女はシダモの人びとの音楽に興味があったため、シダモの音楽などを習うことにしたとのことであった。

5.5.4　演奏家・歌手パートによる楽曲の創作

　2017 年 8 月上旬、女性歌手がシダモの人びとに音楽などを学び、その成果を演奏家・歌手パートのメンバーと共有しながら、新演目のための楽曲「レンボ・レラ」を創作した。録音した楽曲をダンスパートに引き渡した後、約 1 ヶ月間、両パートは分かれて練習した。

表 5.4　新演目の創作過程

(1)	2014 年〜2015 年	調査部門が各民族のダンス・音楽の調査をおこなう。
(2)	2017 年 7 月	劇場の最高責任者などが新演目を決定する。
(3)	2017 年 7 月	歌手がシダモの人びとから歌と音楽を教わる。
(4)	2017 年 8 月上旬	演奏家・歌手パートで楽曲を創作する
(5)	2017 年 8 月 14 日	ダンスパートでダンスの創作がはじまる。
(6)	2017 年 9 月 4 日	演奏家・歌手パート、ダンスパートが合流する。
(7)	2017 年 9 月 10 日〜12 日	公演本番を迎える。

5.6　ダンスパートでの創作

　ここでは表 5.4 の「(5) ダンスパートでダンスを創作する」ことについて詳しく検討する。調査部門の記録には 8 種類のシダモのダンスが報告されている。シダモの人びとは、広場などで、みずからの楽しみのために何時間もかけてダンスを演じると記されており、その様子を映像記録にも残している。このようなダンスをそのまま、国立劇場のステージで、限られた時間のなかで観客に見せることは現実的ではないだろう。そのためダンサーたちは、シダモのダンスにおけるさまざまな要素を組み合わせ、ステージでの上演に合った形に創り変える。

5.6.1　歌のテーマとダンスの方針
　第 4 章でのダンサーたちの経歴にかんする調査のなかで示したように、ダンサーたちは国立劇場に採用された時点で、各民族のダンスについての知識と技術を身につけており、「シダマ」の創作においても調査部門の資料に頼らずに創作を進めることができたと考えられる。創作開始時、男性ダンサーのウェグデラスとデジェン、女性ダンサーのマサラトの計 3 名が演目の流れを決めることになった。彼らは女性歌手から楽曲のテーマが交流・恋愛であることを知らされると、シダモのダンス「ハノ」を中心として、男女が並んで、男性が槍を持って踊るというダンスの特徴を取り入れる方針を決めた。ただしダンサーたちはシダモ語を習得していないので、歌詞の詳細まではわからない。そのため、女性歌手から公用語のアムハラ語で歌詞の内容を聞いて創作にあたったとのことである。

5.6.2　練習をつうじた改良

　ダンサーたちは、ステージ上での立ち位置を決めることと、基本的な動作の組み合わせを考えることで「シダマ」の振り付けをおこなった。練習において、ダンサーたちが重視していることが2つあった。1つは互いの動作のタイミングを合わせることであり、もう1つは、練習をつうじて演目の内容を創り変えることであった。ダンスパートでは特定のリーダーやコレオグラファーを置かない方針となっており、ダンサー全員での話し合いをつうじて振り付けや立ち位置を変えていった2。

　今回の「シダマ」の事例では、場面4で女性の動作にアレンジが加えた以外は、基本的な動作をそのまま組み合わせることで演目を創作していた。本節ではダンサーの立ち位置に着目して、練習を経たことによる振り付けの変化について検討する。

　立ち位置の素案を最初に決めたのは、男性ダンサーのデジェンであった。第4章で述べたように、デジェンはステージ上でのダンサーの立ち位置を示す方法を独自で考案し、これを「マッピング」と名付けていた。「シダマ」の創作においても、デジェンはマッピングによりダンサーの立ち位置の素案を作成した。写真 5.2 に、デジェンが作成したノートを示す。このノートを手がかりに、立ち位置について、本番で演じられたものと比較すると次のようになる。

・場面1〜3（写真 5.2 の①の箇所）
　デジェンの素案では、女性ダンサーがステージ両側から2人ずつ登場した後、男性ダンサーもステージ両側から登場する方針になっていた。本番では、男性ダンサー、女性ダンサーはともに上手側から全員が登場し、歌手のみが下手側から登場するようになった。

・無くなった演出（写真 5.2 の②の箇所）
　デジェンの当初案では、場面3の後、男女が縦と斜めに並ぶことになっていた。しかしこの演出はおこなわれないことになった。

・場面4（写真 5.2 の③の箇所）
　デジェンの素案のまま、初演時も同様におこなわれた。

・場面5（写真 5.2 の④の箇所）
　デジェンの素案では、ステージ中央で男性ダンサーが輪になって棒を地面に突き立てる動作（表 5.2 の7番の動作）をおこない、その左右に女性ダンサーが立つようになっていた。この演出は、男性ダンサーがステージ中央で輪になる部分のみが残り、女性ダンサーは退場することになった。

　これらのような練習と改良を経て、本番1週間前の 2017 年9月4日、ダンスパートと演奏家・歌手パートが合流し、合同での練習を経て本番を迎えた。

---

2 第4章で述べたように、ダンサー全員で振り付けを考えるのは比較的珍しい方針である。

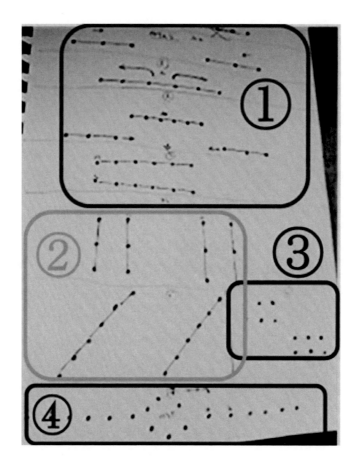

写真 5.2　デジェンによる「マッピング」を記したノート
（撮影筆者、番号と囲みは筆者が追記した）

5.7　歌手の役割

5.7.1　歌手からダンサーへの助言

　ダンスの創作において重要な役割を果たすのが歌手である。練習において、ダンサーたちから歌手にたいし助言を求めることがある。国立劇場では、各演目の題材となった地域や民族の出身者がそれぞれの民族の言語で書かれた歌詞を歌う。「シダマ」の場合は例外的に出身者以外が歌うことになったが、ほかの演目では、各民族の出身者が採用されている。ダンサーたちは出身民族以外の言語に精通していないため、歌手をつうじて歌詞の内容を理解し、その情報をもとに演目の流れを決め

ることになる。歌手たちは出身民族のダンスにも慣れ親しんでいる。練習場では、歌手が休憩時間などを利用して、アムハラ語を使ってダンサーと情報や意見を交換している様子が観察された。

　一方で、このような創作方法には限界もある。アディスアベバ出身のダンサーたちは、歌詞の概要はわかるものの、その詳細や機微までは理解できない。このような限界はダンスの振り付けでも生じている。ダンサーたちは歌詞の内容にふさわしい振り付けが何なのかは知っている。しかし個々の動作の名称や意味など、各民族の出身者でなければわからないことを知らないまま演じている場合もある。たとえば第 2 章で示した事例では、ダンサーたちはダンスの動作の多くについて、演目の導入部や歩行をともなう動作の「シュブシャボ」と、おもにその場で演じる動作の「チェファラ」とに二分しており、一部の固有名称を与えられた動作以外は、それ以上、名称について詮索することはなかった。

5.7.2　新演目「バスケト」の事例

　各民族の出身者から情報を得ることができない場合、記録映像などの資料のみを使って新演目を創作することになる。2018 年から 2019 年にかけて、エチオピア南西部のバスケトの人びとのダンスをもとにした演目の創作がはじまった 3。「バスケト」は国立劇場およびアディスアベバの他の劇場やレストランでも演目化されておらず、ダンサーたちは資料映像のみを手がかりに創作をおこなっていた。国立劇場ではバスケト出身の歌手を採用できなかったため、居住地域の近いガモ人の歌手が 2018 年 8 月頃に現地に赴いて資料映像を撮影した。映像はもともと 1 時間 1 分 53 秒の長さであった。ダンサーたちは、映像を 14 分 19 秒に編集したものをもちいて、スマートフォンで確認しながら創作にあたっていた。

　編集された資料映像の後半部（7 分 15 秒以降）には、バスケトの人びとが左右の足をその場でステップした後、左右いずれかの足を前に踏み出す動作が収録されていた。映像ではステップをする足や前に踏み出す足は人によって異なっており、互いの動作のタイミングも合っていなかった。ダンサーたちは映像を何度も見直しながら、2 種類の基本的な動作を創作した。ひとつはその場で左足を 2 回踏んだ後に右足を 1 回踏むのを繰り返す動作であった。もうひとつはその場で左足、右足の順で 1 回ずつスキップした後、その場で足を交互に 4 回ステップし、左、右、左の順に 3 歩前に踏み出すという動作であった。ダンサーたちは最初に動かす足を左足と決め、足を前に踏み出す際は、左、右、左の順とすると決めたうえで、互いの動

3　国立劇場の『60 年史』には、2012 年以降にバスケトのダンスにかんする調査がおこなわれたことが記されている（Ethiopia National Theater Public Relation Department 2015）。もともと「バスケト」は 2018 年 9 月の新年公演で上演される予定であった。しかし総監督と伝統音楽部門ディレクターの判断により、新年公演ではコンテンポラリダンスと伝統的ダンスを組み合わせた舞踊劇を演じることになり、「バスケト」の創作と公開は延期された。

作のタイミングを合わせる練習をおこなっていた。

　筆者は 2019 年 3 月 11 日と 12 日の 2 日間おこなわれた「バスケット」の練習に立ち会い、そのなかで創られた基本的な動作について、男性ダンサーのウェグデラスからダンスレッスンをつうじて教わることにより創作の過程を再確認した。これによってわかったことが 2 つある。1 つは「シダマ」と同様、ダンサーどうしが、同じ動作を同じタイミングで演じることが目指されていたことである。もう 1 つは、ダンスが演じられる文化的背景については考慮されていなかったことである。映像にはバスケットの人びとが広場などでダンスをおこなう様子が収録されていたが、ダンスが演じられる状況にかんする資料は一切もちいられていなかった。「シダマ」の場合、ダンサーたちは国立劇場で創作する以前から、個々の動作が演じられる状況についての知識を持っていた。しかし「バスケット」はアディスアベバで一切演じられておらず、バスケット出身の歌手もいない状況であり、ダンサーたちはダンスが演じられる文化的背景を知らないまま、映像をもとに基本的な動作の創作にあたっていたことがわかった。

5.8　新演目を創作する意義

　「シダマ」の事例では、ダンサー、歌手、演奏家、調査部門のスタッフなど多くの人びとがかかわって演目を創作していた。そのなかには動作の名称や歌詞の理解などにおいて、多言語ゆえの限界が見受けられる場面もあった。しかし各民族の出身者である歌手の協力を得たり、調査部門による継続的な調査がおこなわれたりすることをつうじて、各民族の文化をできるかぎり理解しようとする実践を見て取ることができた。

　練習の特徴として、「シダマ」ではダンサーたちが互いの動作のタイミングを合わせることに重点が置かれていた。「バスケット」でも同様に、ダンスが演じられる文脈よりも互いの動作を合わせることを重視した創作がおこなわれていることがわかった。これらのようなダンスの動きそのものを重視した創作方法については、第 1 章で示したダンスの定義のひとつである「感じのある一連の動き」（片岡 1989）との関係から考察できる。たしかに国立劇場での創作方法は、「感じ」をダンスの定義に入れる見解とは趣を異にする。しかし日本では 2008 年の教育指導要領において中学校でのダンスが必修化され、そのなかには「現代的なリズムのダンス」があり、ヒップホップやロックダンスをつうじてリズムの特徴をとらえてダンスの動きそのものを学び、動きを組み合わせて踊ることが目標となっている。国立劇場の創作方法も、ダンスを演じる文脈よりも動きそのものが重視されている点において、同様の方針であると考えられる。

　2012 年以降、国立劇場では演目に偏りがあることや、さまざまな民族のダンスや音楽にかんする調査が進んでいないことを踏まえ、調査と新演目の創作に取り組

んできた（Ethiopia National Theater Public Relation Department 2015）。「シダマ」の調査と創作も、そのような流れのなかに位置づけられる。新演目を創作することの意義のひとつは、旧来のアムハラ中心主義的な文化観を克服しつつ、新たなダンス表現の創造と伝播につながっている。

　国立劇場においてさまざまな人びとの実践によって創り出された演目は、レストランや他の劇場などへと伝わっていくことにより、さらに新たな表現を生み出す契機となるのである。次章以降では、レストランでのダンスの演出やプログラムの組み立て方などにかんする調査をもとに、ダンサーたちの創造と実践を明らかにする。

第6章
ダンスの観光化とダンサーたちの実践
－レストランでのダンスを事例に

6.1. ダンスと観光

　アディスアベバ市内では、劇場以外にもレストランやホテルなどにおいてダンスを鑑賞できる。レストラン内にはステージが併設されており、観客は食事をしながらダンスや音楽を楽しめる。

　文化観光省が定めた「文化政策 2016」（Cultural Policy 2016）では、エチオピアの文化資産を経済活動に活かし、文化観光を発展させる方針が示されている（Ministry of Culture and Tourism 2016）。そのうえで、エチオピアのさまざまな民族・地域における文化資産について調査をつうじて明らかにし、エチオピア人および外国人観光客が文化資産にアクセスできるようにすることが述べられている。レストランに直接かかわる事項として、ナイトクラブには国家の文化的価値と良いイメージを支えるという利点があることが挙げられている。

　国立劇場の場合、文化政策のなかで国家の統合と調和が示されていたことを象徴するような演目があり、ダンスの演目の創作においても基本的な動作にあまりアレンジを加えていなかった。一方でレストランの場合、観客を楽しませることがもっとも重要となる。ダンサーたちはエチオピアの文化を提示しつつ、そのなかで可能な限り観客を楽しませる。観客たちも、エチオピアの文化を知り、体験しながら食事やダンスを楽しむことを望んでいると想定される。

　本章ではダンスの観光化とそれにともなう表現の多様化に着目し、ダンサーたちの実践を明らかにする。

6.2　調査概要

6.2.1　調査対象
　アディスアベバ市内のレストランのうち、以下の4店舗を対象にした。
・ヨッド・アビシニア（ボレ店）
・ヨッド・アビシニア（オールド・エアポート店）
・2000 ハベシャ

・キャピタルホテル

　上記 4 店舗を選ぶにあたり、2017 年 8 月にアディスアベバ市内のダンスを鑑賞できるレストラン 11 店舗にて予備調査をおこなった。調査は深夜に及ぶことが想定されるため、立地的に治安の問題がないと判断できた店舗を選んだ。そのうえで各店舗のマネージャーなどと交渉し、調査への協力を得られたのが上記 4 店舗であった。

6.2.2　各店舗の概要

・ヨッド・アビシニア（ボレ店・オールド・エアポート店）

　ヨッド・アビシニアはアディスアベバを代表するグループ企業のひとつである。2003 年に設立され、2019 年の時点ではレストラン、ホテル、観光など、幅広い事業を手掛けていた。アディスアベバ市内で 2 店舗のレストランを運営しており、いずれも客席数は約 300 席である。とくにボレ店は国際空港に近く、外国人観光客が多く訪れる。トリップアドバイザーなどのレビューサイトでも高い評価を得ている。オールド・エアポート店は国際空港からは遠いが、アフリカ連合（Africa Union）の本部などがある地域に立地していることもあり、外国人観光客やビジネスマンが多く訪れる。2 店舗とも毎日午後 6 時過ぎ頃に開店し、午後 7 時 30 分頃にステージで楽器の演奏が始まる。午後 8 時頃からダンスと歌が上演される。観客の流れによって多少前後するが、午後 12 時頃までにダンスなどが終わり閉店する。2018 年 8 月の時点で、店舗ごとに、男性ダンサー6 名、女性ダンサー6 名、演奏家 6 名（全員男性）、歌手 9 名が所属していた。

・2000 ハベシャ

　2000 ハベシャはボレ地区にあるレストランのひとつである[1]。客席数は約 300 席である。この店舗も国際空港から近くに位置し、外国人観光客が多く訪れる。トリップアドバイザーなどのレビューサイトにおいて、ヨッド・アビシニアのボレ店と並んで高い評価を得ている。毎日午後 6 時過ぎ頃に開店し、午後 7 時 30 分頃にステージで楽器の演奏が始まり、午後 8 時から 11 時頃までダンスと歌の上演が続く。その後は観客の流れを見ながら、午後 12 時に閉店する。2019 年 3 月の時点で、男性ダンサー5 名、女性ダンサー5 名、演奏家 6 名、歌手 9 名が所属していた。

・キャピタルホテル

　キャピタルホテルはハヤフレット地区にある高級ホテルである。2018 年 7 月 21 日、ホテルの地下 1 階にレストランが開店した。客席数は約 300 席である。開店から日が浅かったこともあり、筆者の調査期間では、来店者は多い時でも座席の半分が埋まる程度であった。毎日午後 6 時過ぎ頃に開店し、午後 7 時頃にステージが始

---

[1] 設立年については、カスタマー・マネージャー、音楽マネージャー、ダンサー2 名に尋ねたが不明であった。

まる。この店ではステージの開始直後からダンスを鑑賞できるという点で、先に紹介した3店舗とは経営方針が異なる。通常は午後11時にダンスなどが終わって午後12時までには閉店するが、観客が多い場合は午後12時頃までステージが続き、閉店時間も延長する。2019年3月の時点では、毎日男性ダンサー4名、女性ダンサー4名、演奏家5名と歌手がステージに上がることになっていた。音楽マネージャーのアドゥーニャによると、新しいプロジェクトを計画しており、メンバーはまだ流動的であるとのことであった。

6.2.3　調査方法

調査方法は以下のとおりである。
・調査期間：2017年8月6日～2017年9月22日、2018年2月7日～2018年3月22日、2018年8月1日～2018年9月20日、2019年2月4日～2019年3月15日
・調査方法：4店舗での定点観測、ビデオカメラでの映像の撮影、各店舗のマネージャーおよびダンサーへの聞き取り調査

ヨッド・アビシニアでは音楽マネージャーのアドゥーニャがステージを管轄している。アドゥーニャはキャピタルホテルでも音楽マネージャーをしており、これらのレストランでは、アドゥーニャの許可を得たうえで、現場のダンサー、演奏家、歌手、スタッフに筆者を紹介してもらってから調査をおこなった。

2000ハベシャではカスタマー・マネージャーのアレガウィと、音楽マネージャーのアビィの許可を得たうえで調査をおこなった。国立劇場の男性ダンサーのシセイがダンス・マネージャーを務めており、マネージャー2名とシセイとおして、現場のダンサー、演奏家、歌手、スタッフから調査許可を得た。

ビデオ撮影にかんしては研究目的以外に映像を使用しないことを約束したうえで撮影をおこなった。開店時から閉店時までのステージの様子をビデオ撮影する許可を事前に得ていたが、2000ハベシャの歌手からクレームが出たことがあり、各店舗において、開店から閉店までをとおして撮影することは合計2日間にとどめた。

6.3　ダンサーとレストラン

6.3.1　ダンサーたちの労働環境

ヨッド・アビシニアと2000ハベシャの場合、ダンサーたちはステージに立つ約1時間前の午後7時前後に出勤していた。キャピタルホテルの場合はダンスの開始時間が早いため、午後6時過ぎに出勤していた。閉店後は、レストランが手配したミニバスにより、ダンサー、演奏家、音楽家、スタッフは帰宅していた。

ヨッド・アビシニアと2000ハベシャでは、ステージに上がる人数よりも1名多くダンサーを雇っていた。各レストランでは毎晩男女5名ずつのダンサーがステージに上がる。実際に雇用されているのは男女6名ずつであり、毎日ひとりが休日を

取れるようにローテーションを組んでいた。後述するが、ステージではダンスのソロパートがあり、その担当者についてもローテーションを組んでいた。

　いずれのレストランでも給与は 1 ヶ月 200 ドル程度が基本給となっており、さらにチップの分配が追加される。ソロパートやダンサーが客席を周る場面では観客からのチップが集まる。チップは月初めから貯めはじめて、月末にダンサー、演奏家、歌手、マネージャーなどで分け合っていた。ヨッド・アビシニアと 2000 ハベシャでは給仕や調理のスタッフは分配に参加できないが、キャピタルホテルではスタッフも分配に参加できていた。

　練習は個々で自主的におこなうことがほとんどで、実態として、メンバーが集まる練習はほとんどおこなわれていなかった。調査期間中にメンバーが集まって練習をおこなうところを確認できたのは、2017 年 9 月 11 日の午前中、ヨッド・アビシニアのボレ店においておこなわれた 1 度のみであった。この日は午後にグラゲ出身者の新年会があり、テレビ撮影も入ることになり、それに向けて練習がおこなわれた。それ以外では、第 7 章で取り上げるが、2015 年に 2000 ハベシャにおいて新演目の「アリ」を導入する際、5 日間にわたって練習がおこなわれた。キャピタルホテルでは若手のダンサーを集めており、開店して間もないこともあって、不定期ではあるが練習をおこなっているとのことであった。

6.3.2　副業の場としてのレストラン

　レストランで働くダンサー、歌手、演奏家については、専属の場合もあるが、複数の店舗に所属している場合もある。国立劇場のダンサーのうち、2019 年 3 月の時点でレストランにおいて働いているのは以下に紹介する男性ダンサー8 名のうち 4 名、女性ダンサー7 名のうち 2 名であった。

・ウェグデラス（男性）

　2011 年から 2018 年 8 月までヨッド・アビシニアのオールド・エアポート店で働いていたが、キャピタルホテルのレストラン開店に合わせて移籍した。ヨッド・アビシニアではもともとダンサーをしていたが、2014 年からクラール [2] の奏者になった。ウェグデラスによると、年齢を重ねるにつれて身体の負担も考えるようになり、もともとクラールの演奏もできたので、レストランではクラールに専念することにしたという。彼は国立劇場の演奏家たちにも演奏技術の高さを認められており、2019 年 2 月には国立劇場の公演にもクラール奏者として出演した。

・シセイ（男性）

　2013 年から 2000 ハベシャで働き始めた。2000 ハベシャではダンサーをしながら、ダンス・ディレクターとして、ダンサーたちのマネジメントと振り付けを担当している。

---

[2] エチオピア伝統楽器のひとつで、6 本の弦のある竪琴のような形状をしている。

・ウォルクネ（男性）

2017 年からデサレッチというレストランでダンサーをしながら、コレオグラファーとダンス・マネージャーを担当している。

・ベレケット（男性）

2011 年頃からヨッド・アビシニアのボレ店でダンサーをしている。

・イェニワーク（女性）

2016 年から 2000 ハベシャでダンサーをしている。

・カレムウォルク（女性）

2006 年からヨッド・アビシニアのボレ店でダンサーをしている。

6.3.3　マネージャー、ダンサー、演奏家、歌手の役割

ヨッド・アビシニアの 2 店舗とキャピタルホテルでは、音楽マネージャーのアドゥーニャがダンスと音楽を管轄していた。アドゥーニャはもともとケベロ（太鼓）奏者であり、2019 年時点では音楽やダンスにかんするマネジメントやコンサルタント事業を幅広く手掛けていた。

アドゥーニャによれば、ヨッド・アビシニアでは、ダンスの振り付けはダンサーどうしで決め、音楽の内容は演奏家と歌手が決めており、アドゥーニャの意見をもとに最終的な形に仕上げているとのことであった。新規に立ち上げたキャピタルホテルのダンス事業でもアドゥーニャは同様の仕事をしており、メンバーを決めるのもアドゥーニャの仕事であった。メンバーを集めた後、開店 1 週間前から演目を準備した。演目の内容については、ダンスの内容はダンサーが決め、音楽の内容は演奏家と歌手が決めた後、アドゥーニャに、マネージャー、オーナーも加わって最終的な形に仕上げたとのことであった。

2000 ハベシャでは、音楽マネージャーとダンス・マネージャーを置いていた。音楽マネージャーのアビィは、もともとはケベロ奏者であった。ダンス・マネージャーは国立劇場の男性ダンサーのシセイである。演目を創作する際、音楽はアビィ、ダンスはシセイがそれぞれ主導する。ダンスの振り付けもシセイが担当している。最終的に上演できる形に仕上げる段階では、2 名のマネージャーが中心になって協議する[3]。ダンスにかんするコンセプトの決定、ダンサーの新規採用もダンス・マネージャーの業務に含まれていた。

調査対象にしなかった店舗では、国立劇場の男性ダンサーのウォルクネが、デサレッチというレストランでマネージャーと振り付け師を勤めていた。過去には男性ダンサーのフィケルも、ディアマというレストランで同様の業務をおこなっていた。

---

[3] 男性ダンサーのツェガネも過去に 2000 ハベシャに勤務していたことがあったが、当時はダンサー全員で振り付けを考えていたとのことであった。

6.4 プログラムの組み立て

6.4.1 演目とプログラム

　民族ごとに演目を立て、基本的な動作の組み合わせで演目を創作するのは国立劇場と同様である。ダンスと歌が交互に演じられることが多いが、時間帯によってはダンスが続いたり、歌と楽器演奏のみになったりすることがある。調査対象となった店舗では、いずれも客足がピークの時間帯は午後 8 時 30 分頃から午後 9 時 30 分頃であった。この時間帯にソロパートをともなう演目が入り、演目中に、ダンサーたちが客席を周って、客と一緒に踊る演出がおこなわれていた。

　表 6.1 に、2018 年 2 月 23 日の 2000 ハベシャのプログラムを示した。この表は定点観測のメモと映像記録をもとに、演目の内容をダンス・マネージャーのシセイに確認して作成した（2018 年 3 月 10 日聞き取り）。シセイによると、この日のプログラムの組み立て方は日頃おこなっているものと大きな差はなく、目立った特徴もないとのことであった。

　プログラムの No.10「オロモ」、No.11「ゴンダール」ではダンサーのソロパートがあった。「オロモ」では、女性が首を振って髪を回すダンスが定番となっている。「ゴンダール」では肩をさまざまな方向に動かすエスケスタという動きが見せ場となる。このなかでダンサーが客席を周って、観客と一緒に踊る演出がおこなわれる。この場面ではアムハラの演目がおこなわれる。この日は「ゴンダール」であったが、「ウォロ」「ゴッジャム」がおこなわれる場合もある。ソロパートおよび客席を周る際のダンサーの実践については、本章後半と次章において検討する。

　観客を巻き込むものとして、No.18 の「グラゲ」では、ステージ上から観客を煽って、観客をステージに上げて一緒に踊る場面がある。このような演出は「グラゲ」以外でも、観客の反応を見ながら随時おこなわれる。

　No.7 および No.19 のクラール弾き語りの場面でも観客が踊る場合がある。ここでは女性歌手とベースクラールの奏者のみがステージに残り、録音されたティグレの音楽の 2 拍子のリズムが流れ続けるなかで、歌手がクラールを演奏しながら歌った。このリズムがはじまると、観客がリズムに合わせて踊る場面であるという暗黙の了解のようなものがある。観客は立ち上がり、自分の席やステージ前方などで踊り始める。ただし、あくまでもこれは暗黙の了解のようなものであり、外国人観光客が多くを占める場合、誰も踊らないまま終わってしまうこともある。この日も 2度この演目がおこなわれたが、踊る観客は 3 人を確認できたのみであった。

　これまでに挙げた演出は、ヨッド・アビシニアやキャピタルホテルにおいても同様におこなわれていた。2000 ハベシャの独自要素としては、No.9 の中国の歌、No.12の「ハッピー・バースデイ」が挙げられる。プログラムは客層に合わせて柔軟に運用されており、この日は中国人グループの予約があったので、女性歌手が中国の歌を歌いながら中国人グループの客席を訪れるという演出が入った。2000 ハベシャ

表 6.1　2000 ハベシャのプログラムの例

No.	時間	演目
1	19：08～19：35	楽器の演奏
2	19：36～19：42	女性歌手の歌
3	19：43～19：47	ダンス「ソマリ」
4	19：49～19：54	ダンス「ティグレ」
5	19：56～20：00	男性歌手の歌
6	20：00～20：09	ダンス「アガウ」
7	20：13～20：19	女性歌手の歌（クラール弾き語り）
8	20：21～20：35	アイドルグループ「ハガル」のダンス
9	20：35～20：42	女性歌手の歌（中国の歌）
10	20：43～20：54	ダンス「オロモ」（20：49～20：53 に女性ダンサーのソロパートが入る）
11	20：56～21：20	ダンス「ゴンダール」（21：00～21：04 に女性ダンサーのソロパート、21：04～21：10 に男性ダンサーのソロパート、21：11～21：18 にダンサーたちが客席を周って観客と一緒に踊る）
12	21：21～21：22	男性歌手の歌（「ハッピー・バースデイ」にエチオピアの音楽を交えてアレンジし、誕生日の観客の名前を織り込んで歌う）
13	21：26～21：32	女性歌手の歌（クラール弾き語り）
14	21：34～21：40	女性歌手の歌
15	21：41～21：48	ダンス「ガモ」
16	21：51～21：59	女性歌手の歌
17	22：01～22：05	女性歌手の歌
18	22：05～22：14	ダンス「グラゲ」（22：11～22：12 に、男性ダンサー 1 名が観客をあおり、観客をステージにあげて一緒に踊る）
19	22：18～22：24	男性歌手の歌（クラール弾き語り）
20	22：28～22：33	女性歌手の歌
21	22：35～22：40	ダンス「シダマ」
22	22：42～22：50	男性歌手の歌
23	22：53～23：04	女性歌手の歌

では午後7時頃にアナウンスがあり、その日に誕生日の人がいないか確認する。ここで誕生日の観客がいた場合、「ハッピー・バースデイ」の歌にエチオピアで誕生日を祝う伝統的な音楽を混ぜた曲を使い、男性歌手が客席を訪れてその観客の名前を歌に織り込んで歌う演出がおこなわれる。

　No.8の「ハガル」は、若者のダンスグループである。2015年頃から、EBC（Ethiopian Broadcasting Corporation）のオーディション番組「バラゲル・アイドル」（Barageru Idol）をきっかけに、ダンサーたちがグループを組み、約10〜15分のダンスを演じるパフォーマンスがおこなわれるようになった。ハガルは女性8人でパフォーマンスをおこなうグループであり、2000ハベシャと契約を結んでおり、毎週水曜日と金曜日に出演することになっている。彼らの実践と表現については第7章で詳述する。

6.4.2　客層に合わせたプログラムの変化

　表6.2に、2017年8月31日のヨッド・アビシニア（オールド・エアポート店）のプログラムを示した。この表は定点観測のメモと映像記録をもとに、ひとつずつ演目の内容を男性ダンサーのウェグデラス（オールド・エアポート店ではクラール奏者）に確認して作成した（2017年9月18日聞き取り）。

　この日はゴンダール出身者の結婚式があり、そのグループが観客のほとんどを占める状況であった。プログラムもそのような客層を想定して組まれており、ラブソング、結婚、子育てをテーマにしたダンスと音楽が6演目、ゴンダールのダンスと楽曲は3演目であり、21演目中9演目がそのグループにかかわるものであった。No.11のダンス「ゴンダール」ではソロパートや客席を周る演出が入った。No.19、No.20は男性歌手によるゴンダールの歌であった。これら2つは観客からのリクエストであり、約20人の観客がステージに上がって踊り、その周囲や客席でも観客が踊るという状況になった。

　ウェグデラスによると、この日のプログラムは特別で、通常はゴンダールを3回もやることはないと述べていた。

6.5　観客を楽しませるための演出

6.5.1　演目の解説

　ヨッド・アビシニアでは、ステージ上でパフォーマンスが開始される際に、英語で解説のアナウンスが入る。アナウンスでは、冒頭で観客にたいし来店を感謝するメッセージが流れた後、楽器の解説がおこなわれる。ステージ上にクラール、マシンコ（1弦のバイオリン）、ワシント（竹笛）、ケベロ（太鼓）の奏者がいる状態で、1つずつ楽器が紹介され、紹介された楽器が短いフレーズを演奏する。ダンスの演目が始まる前には、題材となっている民族の名前、民族の概要、ダンスの概要、ダンスの動作の見どころなどを紹介する。解説のアナウンスは事前に録音された

表 6.2　ヨッド・アビシニア（オールド・エアポート店）のプログラムの例

No.	時間	演目
1	19：34〜19：38	楽器演奏（ラブソング）
2	19：38〜19：43	楽器演奏
3	19：46〜19：53	男性歌手の歌
4	19：55〜20：01	ダンス「カファ」
5	20：04〜20：12	女性歌手の歌（子育てをテーマにした歌）
6	20：14〜20：19	ダンス「ガンベラ」
7	20：22〜20：30	男性歌手の歌
8	20：31〜20：39	観客のスピーチ
9	20：39〜20：52	ダンス「ティグレ」（男性ダンサー2 名によるケベロをもちいたダンスのパートがある。この日は特別に、結婚式をテーマにした曲を使用した）
10	20：54〜21：05	アイドルグループ「エチオピアウィネット」のダンス
11	21：08〜21：34	ダンス「ゴンダール」（21：15〜21：25 まで男性ダンサーのソロパート。21：25〜21：34 まで「ウォロ」の曲に変えて、ダンサーたちが客席を周って観客と一緒に踊る）
12	21：38〜21：46	女性歌手の歌（ラブソング）
13	21：48〜21：55	ダンス「オロモ」（21：53〜21：55 まで女性ダンサーのソロパート）
14	21：57〜22：04	女性歌手の歌（ラブソング）
15	22：05〜22：14	ダンス「ガモ」
16	22：18〜22：28	男性歌手の歌（エチオピアの女性の美しさを称える歌）
17	22：31〜22：50	男性歌手の歌（ラブソング。観客がステージに上がって踊る）
18	22：52〜22：59	女性歌手の歌
19	23：02〜23：15	男性歌手の歌（ゴンダールの歌を、結婚式の観客のリクエストで特別に歌う）
20	23：17〜23：37	男性歌手の歌（ゴンダールの歌）
21	23：47〜23：51	楽器演奏

ものを使用する。時間や機材の都合で、アナウンスが流れない場合もある。音楽マネージャーのアドゥーニャによると、来店者には外国人観光客が多いので、英語での解説を入れることでエチオピアのことを知らない人でもわかるようにしており、これも観客を楽しませるために必要な工夫であると述べていた。

6.5.2　寸劇の追加
6.5.2.1　寸劇の使い方
　レストランでは演目に独自の演出を加えたり、動作にアレンジを加えたりすることで、よりいっそう観客を楽しませるための工夫がおこなわれている。演目の題材となった民族の自然や慣習、演目のテーマにかかわる寸劇をダンスに入れるのも、そのような工夫のひとつである。寸劇ではダンサーが言葉を発することはなく、身振りとダンスによって表現する。たとえばヨッド・アビシニアの2店舗および2000ハベシャの演目「カファ」では、冒頭で、かごを手に持った女性がコーヒーを摘み取る演出が入る。カファがコーヒーの原産地であることをふまえた演出である。いずれの店舗でも女性がコーヒーを摘み取っているところに男性が合流して、男女の交流を題材としたダンスがおこなわれていた。
　2000ハベシャの演目「ウォライタ」では、演目の冒頭で、男性が女性のために布を織るシーンから始まる。ウォライタは布の生産で有名であり、布を織るのはおもに男性の仕事である。演目では男性から女性へ布を贈る演出の後、男女の交流を題材としたダンスがおこなわれていた。
6.5.2.2　演目「アガウ」の例
　2000ハベシャの演目「アガウ」では、演目全体がひとつの物語となるように構成されている（写真6.1）。この演目は男女の恋愛を題材としており、1組の男女が語り合う場面にはじまり、2人の仲が不穏になった後、仲間に助けられながら復縁し、仲間とともに結婚式を挙げるまでを描いている。「アガウ」のダンスには女性が傘をもちいるものがあり、この演目にも傘が取り入れられている。
　図6.1に、2000ハベシャにおいて2018年2月23日に上演された「アガウ」の流れを示した。「アガウ」の場面1〜3は寸劇であり、ダンスはおこなわれない。場面4〜6では男女の復縁と結婚、そして仲間たちからの祝福がダンスをとおして表現される。場面7〜8では結婚式の場面の寸劇となる。ここでは結婚した男女と男性ダンサー3名が婚礼の行列を作り、女性ダンサー3名は踊りながら行列の後ろを歩き、ダンサー全員がバックステージに下がることで演目は終わる。
　このように「アガウ」では演目全体がひとつの物語を成しており、寸劇とダンスを組み合わせた表現がおこなわれていた。国立劇場では例外的に「『アドワの戦い』戦勝記念」の演目において寸劇の要素が入るが、「アガウ」のように寸劇が入るうえに全体が物語仕立てになっている演目はない。レストランでは観客を楽しませるための工夫をできるため、このような自由な演出ができると考えられる。

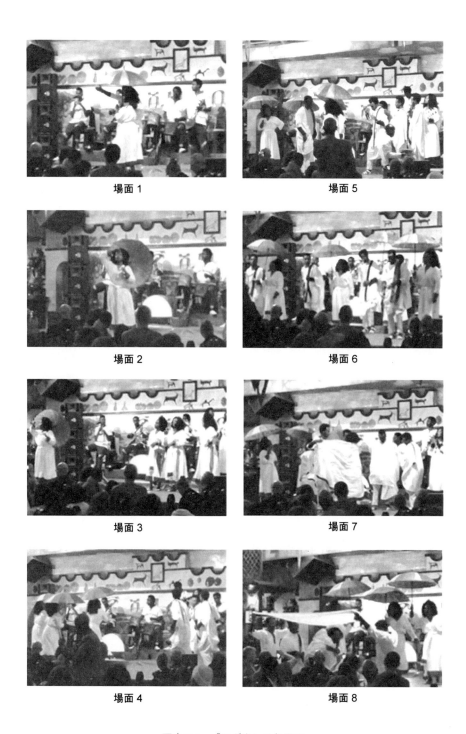

場面1

場面5

場面2

場面6

場面3

場面7

場面4

場面8

写真6.1　「アガウ」の各場面

図 6.1　「アガウ」の内容

・場面 1（0：00〜）

　約 40 秒間の前奏に続いて、ステージ上手から、男性ダンサー1 名と女性ダンサー1 名が傘をさし、会話しながら登場する。2 人に続いて女性歌手がステージ上手に登場する。

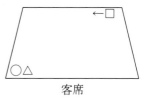

客席

・場面 2（1：03〜）

　ダンサー2 名はステージ下手に座り会話した後、男性ダンサーはいったん退出する。女性ダンサーはステージ下手で男性ダンサーを探す。

客席

・場面 3（2：06〜）

　女性ダンサー3 名が傘を持ってステージ上手から登場し、下手のダンサーと合流する。3 名のダンサーは、ステージ下手の女性ダンサーに話しかける。

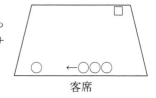

客席

・場面 4（2：35〜）

　ステージ上手から男性ダンサー3 名が登場し、女性ダンサーたちと踊る。

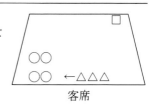

客席

・場面 5（2：56〜）

　男性ダンサー3 名に促されて、最初にステージにいた男性ダンサーが角笛を吹きながら登場する。最初ステージにいた男女は、周囲に囃されながら一緒に踊る。

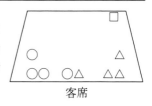

客席

・場面 6（3：21〜）

　男性ダンサー4 名と女性ダンサー4 名が、立ち位置を変えながら一緒に踊る。

客席

・場面7（4：14〜）

最初にいた男性ダンサーと女性ダンサーが、他の男性ダンサー3名に婚礼の衣装を着せてもらう。他の女性ダンサー3名は、ステージ下手で踊りながら様子を見守る。

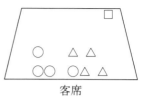

客席

・場面8（7：15〜）

男性ダンサーと女性ダンサーが婚礼の挨拶をする。男性が女性をおんぶして、婚礼の行列が始まる。ステージ下手を経由して客席を通り、上手側に退場する。女性ダンサー3名は下手側へ退場する。

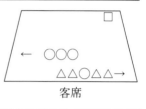

客席

△＝男性ダンサー、○＝女性ダンサー、□＝女性歌手。楽器奏者は演目中に位置を変えない。

6.6　観客とともに創り出される表現

6.6.1　観客を楽しませることとチップ

　レストランではさまざまな場面で観客とのコミュニケーションが発生する。その代表的なものが、ソロパートと客席を周って観客と一緒に踊る場面である。それ以外でも、観客のほうを向いて拍手を促したり、観客をステージに上げたりすることもある。時には観客の側から、飛び入りでステージに上がってくることもある。このように、レストランではコミュニケーションをつうじて観客を楽しませる場面が発生する。

　長期的な視点では、観客を楽しませることでレストランの評判が上がり、さらなる観客動員につながると言えるかもしれない。一方、短期的な視点では、ダンサーたちが観客を楽しませることで得られるメリットの最たるものがチップである。ダンサーたちはレストランから基本給をもらっているが、仮にレストランの売り上げが伸びたとしても、基本給に反映されることはない。しかしチップはダンサー、演奏家、歌手、マネージャーに分配され、彼らの収入となる[4]。

　ソロパートでは、観客がステージまでチップ（紙幣）を持ってきて、お金を衣服

[4]　2000ハベシャの場合、ダンサーへのチップは、ステージ下手のバーカウンターにある壺に貯められる。筆者が観察した限りでは、ほとんどのチップは100ブル札で支払われているように思われた。しかしマネージャーからチップの総額などの情報は出せないと言われ、バーカウンターのスタッフにも壺のなかに集められたチップを見せることはできないと言われたこともあり、チップの詳細まではわからなかった。

の内側に入れたり、紙幣をダンサーの額に貼り付けたりする。ダンサーたちが客席を周って観客と一緒に踊る場面でも、一緒に踊ったあとにチップを受け取れる機会が多い。調査をおこなった 4 店舗では、チップはステージ前方の籠（メソブという入れ物）に入れるか、ダンサーに客が直接渡すことでやり取りされていた。

　観客からのチップを促す方法の例として、観客にチップできることを知らしめる演出がある。たとえば 2000 ハベシャでは、ソロパートの途中で給仕スタッフが 100 ブル札をダンサーに渡す場面がある。ダンサーはそれを両手に持って頭上にかざすことで、観客にチップを促す。この演出は毎晩おこなわれていた。2000 ハベシャのダンサーであるシセイとイェニワークによると、すでにチップが籠の中に入っている場合はその札を使ってこの演出をおこなう。入っていない場合、給仕スタッフがあらかじめ用意していた 100 ブル札を、客からのチップがあったふりをしてダンサーに渡す。この方法以外にも、客席にいる友人に頼んでダンサーの額にお金を貼り付けてもらうこともある。外国からの観光客はダンサーへのチップのやり方を知らないので、このような場面を見せることでお金の渡し方をわかってもらえると、チップを出すようになるとのことであった。

6.6.2　ソロパート

　観客と直接触れ合うことになるソロパートと客席を周る場面は、チップを得られる絶好の機会となる。ソロパートはアムハラの演目である「ウォロ」「ゴッジャム」「ゴンダール」のなかでおこなわれることが多い。ヨッド・アビシニアの場合、これら 3 演目に加え「グラゲ」と「ティグレ」でソロパートがおこなわれることもある。2000 ハベシャでは、ソロパートは「ゴンダール」のなかでおこなわれる。各店とも「オロモ」のソロパートは女性のみがおこなう。アムハラの演目でソロパートをおこなう場合、ダンサーは「ウォロ」「ゴンダール」「ゴッジャム」の動きを自分の好きなように組み合わせて演じることができる。一方、「グラゲ」と「オロモ」でソロパートを演じる場合、他の演目の動きは交えない。

　ソロパートではふだんよりも大きく素早い動きをすることになる。どの部位の動きを強調するかはダンサーによって違いがある。ここでは国立劇場のダンサーのうち、シセイ、イェルサレム、イェニワークへの聞き取りをもとに、ソロパートでのダンスの特徴を述べる。

・シセイのソロパート

　シセイによると、2000 ハベシャでは、全員で踊る場合、基本的な動作は国立劇場と同じように演じるとのことであった。2000 ハベシャのアムハラのソロパートは「ゴンダール」の際におこなわれる。ソロパートでは、アムハラの演目である「ゴンダール」「ゴッジャム」「ウォロ」の動作を混ぜて演じてよいことになっている。ソロパートでの自身の表現については、日々、新しいダンスを創作しているという。練習は自宅、バックステージ、国立劇場など、いろいろな場所で、鏡を見ながらお

こなっている。演じる際は、首の動きを強調し、肩と胴体を揺する動作を使い、足の踏み込みを強くする一方で、腰とひざの動きは全員で踊る場合と同じ動かし方をするとのことであった。

・イェルサレムのソロパート

　イェルサレムはヨッド・アビシニアに所属する女性ダンサーである。彼女がレストランで全員で踊る場面では、基本的な動作は国立劇場と変わらないという。ソロパートでは肩、腰、首など、全身を強く、速く動かし、そのなかでもとくに肩と首を動かすとのことであった。

・イェニワークのソロパート

　イェニワークは 2000 ハベシャに所属する女性ダンサーである。彼女がレストランで全員で踊る場面では、基本的な動作は国立劇場と同じように演じるという。彼女は毎日ソロパートの練習をしている。ソロパートでは観客の関心を引くために肩の動きを強調するが、ひざ、腰、腕、首は全員で踊る場合と同様とのことであった。

　3 人ともソロパートの動きを独自に工夫し、練習を重ねている点は共通している。しかしイェルサレムとイェニワークはともに女性ダンサーであるが、イェルサレムは全身の動きを強く、速く動かしているのにたいし、イェニワークは肩のみの動きを強調するという違いがあった。ソロパートでの動きについては、次章でモーションキャプチャをもちいた分析をおこなうことで、さらに詳しく検討する。

6.6.3　客席を周る場面
6.6.3.1　客席を周る場面の事例

　客席を周る場面では、観客と一緒に踊った後、チップをもらえることが多い。ここでは 2019 年 3 月 5 日、2000 ハベシャにてイェニワークが客席を周った際の事例を挙げる [5]。この記録を取るにあたり、イェニワークが客席に降りて以降、観客にたいしおこなったダンスと行動を観察しながらビデオカメラで録画した。

　　まずソロパートを演じていた女性がステージから降り、ステージから見て正面の位置にあるグループの席に向かいながら、他のダンサーにもステージから降りるように促した。イェニワークはステージ下手側前方の客の席へ向かい、女性客と一緒に踊りはじめた。イェニワークが先にゴッジャムの基本的な動作のひとつ、肩を上下に動かすエスケスタをおこなった。観客はそれに合わせてエスケスタを真似した。次に肩を前後に動かすエスケスタをおこない、女性客もそれに合わせた。次に肩を前から後ろへ回すようなエスケスタをおこなった。これはゴッジャ

---

[5] 客席を周る事例の観察では、筆者が観客を見たり、カメラを客席に向けたりすることになるため、事前にダンス・マネージャーのシセイに調査の可否を尋ねた。その結果、この 1 回に限り、観客を観察することとカメラの使用が許可された。

ムの「ムット」の肩の動きと同様で、ムットではジャンプを 1 回する際に 2 回肩を後ろへ回すように動かすが、イェニワークはジャンプせずに、左、右の順に、片側ずつ肩を回すように動かした。女性客はそれを真似しなかったので、3 度めでそれをやめ、女性客に向かい礼をした。女性客も礼を返したが、チップは出さなかった。

　イェニワークはステージ上手、ステージから遠い場所に、テーブルを囲むように座っている 13 人組のグループに向かった。右から 4 番目に座っている男性客の前に立ち、手拍子を始めた。男性客も手拍子を始めたのを確認し、笑顔を作り、両手で立つように促した。肩を上下に動かすエスケスタを男性客と演じた。イェニワークの側からおじぎをしてエスケスタを切り上げた後、胸に手を当てて、再度感謝の意を示した。

　次に左から 4 番目に座っている、アムハラの伝統的な衣装を着ている女性客の前に立った。女性客は上着を脱ぎ、イェニワークと一緒に肩を上下に動かすエスケスタを始めた。隣に座っていた女性客も立ち上がり、一緒にエスケスタを始めた。上着を脱いだ方の女性は手拍子をして、その女性客とイェニワークを囃し立てた。イェニワークは左右の肩を交互に動かすエスケスタに動きを変え、女性客もそれを真似した。イェニワークの側から礼をしてダンスを切り上げた。チップは受け取れず、そのままステージに戻った。

　この事例では、イェニワークはチップを受け取るまでには至らなかったが、観客と一緒に踊る様子を観察できたことで、聞き取りと観察との双方から、観客席での実践を知ることができた。

6.6.3.2　ダンサーによる観客への対応

　観客席をまわる際の踊り方について、イェルサレム、シセイ、イェニワークにたいし聞き取りをおこなった。

・イェルサレム

　イェルサレムが観客と一緒に踊る際、動きを遅くして、表情を笑顔にするという。一緒に踊る観客を選ぶ際は、笑顔でこちらを見ている人や、音楽に合わせて身体を小さく動かしている人を狙うとのことであった。

・シセイ

　シセイが観客と一緒に踊る際、客席では動きを遅くし、ハードな動きはおこなわないという。音楽に合わせて身体を小さく体を動かしていたり、笑っていたりする観客に向かってストレートに近づいていって、一緒に踊るように促す。ダンスでは横や上を向く動作が多いので、相手の目や顔を見ないことが多くなり、正面を向いて顔の動きを止めるときに相手をじっと見るようにするとのことであった。

・イェニワーク

　イェニワークが観客席で踊る際は、客席でダンスを見て笑っている観客や、軽く

体を動かしている観客を狙うという。踊る際は肩の動きを小さくすることで、観客は「真似できそう」と思って一緒に踊ってくれる。大きくすると「真似できなさそう」と思われてしまうとのことであった。

6.7　レストランにおけるダンス表現の広がり

本章ではレストランでの調査をもとに、レストランでのプログラムの組み立て、演目の特徴、ソロパートおよび観客と一緒に踊る際にダンサーたちがおこなっている実践を明らかにした。

国立劇場では、寸劇などの演出を意図的に加えたり、観客とコミュニケーションを取ったりするような場面は見られなかった。練習でも全員の動作のタイミングを合わせることが重視されており、個々のダンサーによる工夫が入り込む余地は少なかった。レストランでは寸劇の要素を取り入れたり、演目全体に物語性を持たせたりしていた。さらにソロパートや客席を周る場面では、ダンサーたちは基本的な動作をもとに、各自でアレンジしてダンス表現をおこなっていた。それによって、彼らのダンスは、各民族・地域におけるオリジナルの形とは異なったものになっているかもしれない。しかし結果的に、ダンスの表現に多様性もたらすことにつながっていると考えられる。

レストランにおける重要な要素のひとつが演者と観客とのかかわりである。エチオピアの伝統的な吟遊詩人「アズマリ」のパフォーマンスにおいても、演者が客の前に行き、即興で歌をうたう場面が見受けられる。レストランでの演出にも、そのような文化的背景が反映されていると考えられる。

それを裏付ける事例として、調査期間中にレストランに導入された 2 つの演目を示す。2019 年 3 月、キャピタルホテルにアズマリが導入された。アズマリではステージ上で演者がマシンコ（伝統的な一弦のバイオリン）を弾きながら、個々の客席を弦で指し、アムハラ語でその客席の人びとを対象とした即興の歌詞を歌い上げていた。ヨッド・アビシニアのボレ店では、2019 年 3 月にアファルの語り芸であるダグーが導入された。もともとダグーは、演者と観客とが 1 対 1 で、対面で演じられる（Moges 2013）。演者は男性であり、野太い声で叫ぶような節回しを使い、即興の歌詞で観客とのやり取りがおこなわれる。ヨッド・アビシニアでは演者が客席をまわりながら、マイクをもちいて客席全体に聞こえるように、アファル語でダグーを演じていた。

ヨッド・アビシニアでは英語での解説がおこなわれ、2000 ハベシャではダンサーの身振りのみで伝わる寸劇が取り入れられていた。一方、アズマリやダグーでは、外国人の観客は、言語がわからなければ歌詞の内容を理解できない。しかしエチオピアの言語で演者と観客とが交流するなかで笑いが生まれ、盛り上がる様子は理解できる。これらの事例のように、レストランにおいてエチオピアの言語と文化的背

景に裏付けられた演目の導入が試みられていることがわかった。

　次節では、国立劇場とレストランにおける演出のちがいおよび、ダンサーどうしの動作のちがいや共通点について事例を挙げながら検討することをつうじて、アディスアベバにおけるダンスの表現の広がりについて明らかにする。

第7章
アディスアベバのダンスにおける表現の多様性

7.1　表現の多様性を考えるために

　本章では、国立劇場において創作されたダンスの演目が、アディスアベバ市内のレストランなどへ広がっていく際のダンサーたちの実践に注目する。そのうえでアディスアベバのダンスにおける表現の多様性について「演目」「基本的な動作」「基本的な動作の組み合わせ」の3つの観点から検討する。

　第1の演目の多様性について、第2章では演目の種類・内容とプログラム上での組み合わせに着目した。本章では新演目「アリ」を事例として、国立劇場において創作された演目がアディスアベバ市内のレストランで演じられるようになる際の演出の変化に着目し、そのなかでの人びとの実践を明らかにする。第2の基本的な動作の多様性について、第2章では動作の種類と数に着目した。本章では1人のダンサーによる状況に応じた動作の演じ分けに着目し、映像式モーションキャプチャをもちいて、それぞれの特徴と相違点について検討する。第3の基本的な動作の組み合わせの多様性について、第2章、第5章、第6章では、国立劇場やレストランにおける演目を事例に考察した。本章ではアイドルグループによる表現に着目し、彼らの実践と、アイドルという活動方針が生まれた背景を考察する。

7.2　演目の多様性－新演目「アリ」の演出を手がかりに

7.2.1　前例のない演目の創作

　2012年以降、国立劇場では演目に民族的な偏りがあったことを批判的に検討したうえで、エチオピア各地のダンスや音楽にかんする調査を進め、新演目の創作に取り組む方針を掲げた（Ethiopian National Theater Public Relation Department 2015）。第5章の「シダマ」の創作も、そのような取り組みのひとつである。「シダマ」は当時すでに他の劇場やレストランにおいて上演されていた演目であり、ダンサーたちは、すでに持っている知識と技術をもとに創作することができた。

　本節ではアディスアベバでまったく演じられたことのない演目が創作された事例として、2015年に国立劇場で創作された「アリ」を取り上げる。この演目は国立劇場での創作後、市内のレストラン各店にも演出を変えながら導入されていった。本節ではこの過程におけるダンサーたちの実践について検討する。

7.2.2 国立劇場の「アリ」

　国立劇場の「アリ」は 2015 年の新年公演に向けて創作された。筆者はその創作過程に直接立ち会えていないため、2019 年 3 月 5 日、国立劇場および 2000 ハベシャにて収録した実演の記録と、3 月 10 日におこなった聞き取りをもとに検討する。

　ダンサーの経歴の調査により、アディスアベバの劇場やレストランにおいて「アリ」が演目化されていなかったことと、2015 年の創作時までに「アリ」を学んだことのあるダンサーがいないことがわかった。ダンサーたちは、知識と経験が一切ないまま「アリ」の創作に臨んだことになる。ダンサーたちによると、まずは国立劇場の調査部門が現地で撮影した資料映像をもとに、男女共通の 4 種類の基本的な動作を創作した。そして基本的な動作を組み合わせて演目を完成させた。2015 年 9 月 12 日（エチオピア暦 2008 年 1 月 1 日）に「アリ」は初演された。

　調査期間中に国立劇場で「アリ」が演じられる機会がなかったため、2019 年 3 月 5 日、練習場において男性ダンサー4 名、女性ダンサー3 名に依頼して実演してもらい、映像を収録した。男性ダンサー3 名と女性ダンサー3 名は実演をおこない、男性ダンサー1 名は「アリ」のリズムやメロディーを歌う役をした。映像をもとに、演目の創作過程と内容にかんする聞き取りをおこなった。この調査の一環として、2019 年 3 月 5 日に、筆者は男性ダンサーのウェグデラスから「アリ」の基本的な動作にかんするダンスレッスンを受講した。

　表 7.1 に「アリ」の基本的な動作を示し 、図 7.1 に「アリ」の演目の流れを示した。写真 7.1 は、図 7.1 で示した各場面の様子である。第 2 章で述べたように、ダンサーたちは、演目の導入部分でおこなわれる動作や歩行動作をシュブシャボ（Shubushabo）、おもにその場で体を大きく動かす動作や音楽が盛り上がる場面でおこなう動作をチェファラ（Chefera）と呼んでいた。「アリ」の場合、チェファラでも歩行をともなう場面があり、たとえば演目の最後ではチェファラで退場する演出がおこなわれていた。

　ここでは後述するレストランでの「アリ」の演出との比較のため、図 7.1 の場面 5 に着目する。場面 5 では、男性と女性がステージ中央に出て、腰に手を当てて腰を突き出すような動作で、お互いの腰を触れ合うことで男女の交流を表現していた。レストランでは、この場面で異なった演出が取り入れられている。

表 7.1　**アリの基本的な動作（男性・女性共通）**

No.	名称	動作内容
1	Shubushabo and Chefera	両腕を前方に伸ばし、人差し指を伸ばす。肩の動きのみを使って両手が交互に、前後に動くようにする。この動作は歩行する場合としない場のいずれでも使う。
2	Chefera	両手を腰に当て、やや前かがみになる。右足を前に出す動作を中心に、両足でステップする。リズムに合わせ、腰を相手に当てるように動かしたり、右足を宙に浮かせて動かしたり、腰を浮かせるように動かしたりする動作を加える。
3	Chefera	両腕を水平に伸ばし、右から左へ円を描くようにしながら動かした後、両手を胸元に引きつけるようにして両腕を曲げる。再度両腕を伸ばし、左から右へ腕を動かす。この動作を繰り返す。
4	Chefera	両腕を下方または斜め下に向け、人差し指を伸ばす。肩の動きのみを使って両手を前後に、交互に動かすようにする。

図 7.1　国立劇場の「アリ」の内容

・場面 1.（0：00～）
　上手から 2 組、下手から 1 組の男女が登場する。男性ダンサーは両腕を水平に伸ばし円を描くように動かしながら歩く（動作 No.3）。女性ダンサーは両手を腰に当てて歩く（動作 No.2）。男性ダンサーは動作No.2 と No.3 を繰り返す。女性は動作 No.2 を続ける。

・場面 2.（0：27～）
　男性ダンサーは両腕を前方に伸ばし、人差し指を伸ばして前後に動かす（動作 No.1）。女性ダンサーは動作No.2 をしながら位置を変える。位置を変えた後、男性ダンサーと女性ダンサーは向き合って動作 No.2 をおこない、お互いの腰を付け合う。

・場面 3.（0：51～）
　男性ダンサー、女性ダンサーともに動作 No.1 をしながら位置を変える。位置を変えた後、男性ダンサー、女性ダンサーともに動作 No.2 で前後に動く。

・場面 4.（1：14～）
　男性ダンサー、女性ダンサーともに動作 No.1 をしながら位置を変える。男性ダンサーは動作 No.2 でリズムに合わせて右足を宙に浮かせて動かす。女性ダンサーは動作 No.2 を続ける。

・場面 5.（1：42～）
男性ダンサー、女性ダンサーは動作 No.2 をしながら位置を変える。男性と女性が 1 名ずつ前に出て、他の男女は彼らを囲むように立つ。前に出た男女は動作 No.2 をおこなって互いの腰を合わせる。周囲の男女は手拍子で囃す。

・場面 6.（3：09～）
男性ダンサー、女性ダンサーともに動作 No.4 をしながら中央に集まり、動作 No.4 をしながらステージ下手側に退場する。

△＝男性ダンサー、○＝女性ダンサー

場面 1

場面 4

場面 2

場面 5

場面 3

場面 6

写真 7.1　国立劇場の「アリ」の各場面（2019 年 3 月 5 日筆者撮影）

7.2.3　レストランの「アリ」

　国立劇場で「アリ」が公開された後、男性ダンサーのシセイは勤務先の 2000 ハ
ベシャでも「アリ」をおこなうことを決めた。シセイは 2000 ハベシャにおいて、
ダンス・マネージャーとして振り付けとダンサーたちの統括を担当している。シセ
イによると、「アリ」を初演した正確な日付は覚えていないが、国立劇場での公開
から間を置かずに 2000 ハベシャに導入したとのことであった。「アリ」の創作に
あたり、シセイが振り付けを先に考えた。音楽は既存のアリの伝統音楽をもちいる
ことにして、レストラン所属の歌手、演奏家、音楽マネージャーに創作を委ねた。
　導入までに要した時間は合計 5 日間であった。まずシセイが 2 日間で振り付けを
考え、音楽パートでの練習を 1 日おこなって音楽を録音し、その翌日に録音された
音楽を使ってダンスパートで 1 日練習した。そしてダンスパートと音楽パートとの
合同練習を 1 日おこなって上演に至った。振り付けでは国立劇場の基本的な動作を
そのまままもちいて、動作を組み合わせて演目を創作した。そして国立劇場のもの以
上に、観客を楽しませることができるように演目の流れを工夫したという。
　シセイの協力により、2019 年 3 月 5 日に 2000 ハベシャにて「アリ」の映像を収
録した。図 7.2 に 2000 ハベシャの「アリ」の流れを示し、写真 7.2 に各場面の様子
を示した。「アリ」はダンサー8 名（男性 4 名、女性 4 名）、歌手 1 名、演奏家 5
名によって演じられた。
　シセイによると、国立劇場では調査部門の結果をふまえて各民族の文化を表現し
なければならないという縛りがあるが、レストランでは、より観客を惹きつけられ
る演出を導入できるとのことであった。図 7.2 の場面 5 では、男性ダンサーが女性
ダンサーに腰をぶつけられ、跳ね飛ばされてしまう演出が入る。男性と女性とが腰
を触れ合う場面は国立劇場の「アリ」にもあるが、シセイは、演目にコメディの要
素を加えるためにこの演出を考案した。図 7.2 の場面 6 では、男性ダンサーが木の
枝と棒を持って登場する。このシーンを入れることで、アリの豊かな自然を象徴的
に表現しつつ、観客を楽しませる演出を取り入れようとした。シセイによると、国
立劇場の「アリ」では木の枝を使わないが、国立劇場の演目「イェム」には木の枝
を使う動作があり、それをもとに「アリ」でも自然の豊かさの象徴として木の枝を
使うことにしたという。
　このようにして「アリ」は 2000 ハベシャの演目となった。現在では、他の劇場
やレストランでも、それぞれの「アリ」が上演されている。「アリ」の伝播の重要
な点は、その速さにある。国立劇場で「アリ」が創作され、2000 ハベシャで演じ
られるまでに要した時間は実質的に 5 日間である。本研究では国立劇場と 2000 ハ
ベシャに勤務しているシセイに着目したが、他のダンサーたちも同様に、自分の勤
め先に「アリ」を持ち込んだとのことであった。結果的に、国立劇場を起点として
他の劇場などに「アリ」が伝わり、演目の多様性が生じたと考えられる。

図 7.2　レストランの「アリ」の内容

・場面 1.（0：00〜）
　ステージ上手から男性ダンサー2 名、女性ダンサー2 名、男性歌手が入場する。ステージ下手から男性ダンサー2 名、女性ダンサー2 名が入場する。入場時、ダンサーは両腕を下方または斜め下に向け、人差し指を伸ばして交互に動かす（動作 No.1）。

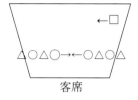

・場面 2.（0：30〜）
　男女ともに動作 No.1 および、両手を腰に当ててステップする動作（動作 No.2）、両腕を水平に伸ばして円を描く動作（動作 No.3）、両腕を斜め下に伸ばして人差し指を伸ばし、交互に動かす動作（動作 No.4）をしながら前後に動く。

・場面 3.（1：36〜）
　男性ダンサー、女性ダンサーは動作 No.1 をしながら位置を変える。その後、男性ダンサーと女性ダンサーは動作 No.1、動作 No.2、動作 No.3、動作 No.4 を繰り返す。男性ダンサーは動作 No.1 をアレンジして、両腕を覆いかぶせるような位置で動かす。

・場面 4.（3：25〜）
　男性ダンサー、女性ダンサーともに動作 No.1 をしながら位置を変える。男性ダンサー1 名と女性ダンサー1 名ずつがステージ中央に出て動作 No.2 をおこなう。女性ダンサーの動作 No.2 は大きく動くようにアレンジされており、男性ダンサーは圧倒されて追われるようにステージを出る。

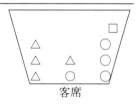

・場面 5.（3：51〜）
　男性ダンサー1 名と、女性ダンサー1 名がステージに残る。男性ダンサーは動作 No.2 と動作 No.4 で女性ダンサーの周囲を回るように踊る。男性ダンサーは女性ダンサーの動作 No.2 によって腰をぶつけられ、跳ね飛ばされるのを繰り返す。

・場面 6.（4：07〜）（図 7.12）
　ステージをいったん去っていた 6 名が再度登場する。男性ダンサー3 名は木の枝と木の棒を持っている。全員でいっしょに踊る。女性ダンサーは動作 No.2 をおこない、男性は木の枝を振る。この状態のまま全員が上手側へ退場する。

△＝男性ダンサー、○＝女性ダンサー、□＝女性歌手

場面 1

場面 4

場面 2

場面 5

場面 3

場面 6

写真 7.2　レストランの「アリ」の各場面（2019 年 3 月 5 日筆者撮影）

7.3　状況に応じた表現のちがいの分析

7.3.1　動作の収録
　基本的な動作の多様性について、本節では1人のダンサーが状況に応じて動作を演じ分けていることに着目し、映像式モーションキャプチャをもちいた比較分析をもとに検討する。

　本研究にあたり、以下の概要で動作の映像収録をおこなった。
・収録日：2019年3月8日、2019年3月13日
・対象者：国立劇場の男性ダンサー1名（シセイ）
・収録場所：国立劇場の練習場
・収録方法：ビデオカメラ2台による映像収録

　本節では、ビデオカメラにより基本的な動作の映像を収録し、DKH社製のソフト「FrameDIAS V」をもちいて映像式モーションキャプチャによりダンスの動作をデジタルデータ化した[1]。「FrameDIAS V」では、異なる2つの地点から撮影した映像をもとに、動作を3次元のモーションキャプチャデータに加工できる。

　映像収録の手順は以下のとおりである。
①2メートル四方の正方形を描き、正方形の中心、頂点、各辺の中点の計9箇所にマークし、正方形の中心をダンサーの立ち位置とした。
②ビデオカメラ2台をダンサーの右斜め前方と左斜め前方に設置した。カメラは、正方形のスペースに対角線を引いて延長し、4メートルの地点に設置した[2]。
③3次元での動作収録のポイントを決めるための作業（キャリブレーション）のために、正方形にマークした各点（9箇所）に、1メートルごとにマークした約2.5mの棒を立てて映像を収録した。
④被験者のシセイの頭2箇所、あご、両肩、両ひじ、両手首、腰の両側、両ひざ、両足首、両方のつま先にマーカーを貼った[3]。
⑤「国立劇場でダンサー全員で踊る場合」「レストランのソロパートで踊る場合」「レストランの客席で観客といっしょに踊る場合」という3つの状況を想定し、それぞれにおける「ゴッジャム」の肩を上下に動かすエスケスタ（第2章の表2.2の3番の動作）を演じてもらった。

---

[1] 映像式モーションキャプチャには、フィールドワークのなかで容易に運用できるという利点はある。しかし現状では、実験室的な状況において映像を収録する必要がある。
[2] FrameDIASではカメラと被写体の設置距離には特に制約がなく、測定の基準となるキャリブレーションの作業をおこなえるのであれば、どの位置にカメラを置いても問題ない。今回は実験の過程についての記録を残すために、カメラの設置場所も厳密に決定した。
[3] マーカーとして、テーピング用のテープを約2cm四方に切ったものをもちいた。このようにすることで、フィールドでも容易にモーションキャプチャをおこなえる。光学式でもちいる反射マーカーには突起があり、これがダンサーの動きを阻害する可能性があるが、この方法では突起が生じないという利点もある。

写真 7.3　動作の映像収録の様子

⑥2 台のカメラで撮影した映像をもとに「FrameDIAS V」をもちいて 3 次元の
モーションキャプチャデータを作成した。

⑦モーションキャプチャデータをもとに、Microsoft 社の「Excel」をもちいて、
肩と腰の速度変化と角度変化をグラフに出力して分析した。速度変化につい
ては各部位のマーカーの座標をもとに、マーカーの移動距離を時間で除算す
ることで秒速を算出した。肩と腰の角度については、左の肩と右の肩（腰の
場合は左の腰と右の腰）のマーカーを結んだ線の角度を求めた。図 7.3 の黒
丸で示したマーカーどうしを結んだ線が肩の角度、三角で示したマーカーど
うしを結んだ線が腰の角度を求める際に使う線である。数式 7.1 に肩の角度
の計算式、数式 7.2 に腰の角度の計算式を示した。これらの数式では、2 つ
のマーカーを結んだ線を斜辺とする直角三角形の各辺の長さをもとに、逆三
角関数をもちいて角度を求めている。

7.3.2　状況に応じた演じ分け

　第 6 章の聞き取りでは、シセイは、ソロパートでは首の動きを強調し、肩とボデ
ィシェイクを使い、足の踏み込みを強くすると述べていた。そして腰とひざの動き
は、全員で踊る場合と同じ動かし方をするとのことであった。観客と踊る際は、動
きをゆっくりにし、ハードな動きはおこなわないと述べていた。

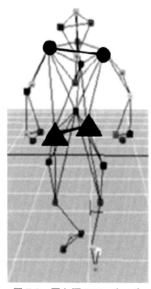

$$\theta^s = \tan^{-1} \frac{LS_y - RS_y}{\sqrt{(LS_x - RS_x)^2 + (LS_z - RS_z)^2}}$$

LS：左肩マーカー　RS：右肩マーカー

xyz は各マーカーの三次元座標

数式 7.1　肩の角度の計算式

$$\theta^w = \tan^{-1} \frac{LA_y - RA_y}{\sqrt{(LA_x - RA_x)^2 + (LA_z - RA_z)^2}}$$

LA：左腰マーカー　RA：右腰マーカー

xyz は各マーカーの三次元座標

図 7.3　肩と腰のマーカーを
結んだ線

数式 7.2　腰の角度の計算式

　本節の分析では、とくに肩と腰の動きに着目する。シセイには「ゴッジャム」の肩を上下に動かすエスケスタをおこなうように依頼した。収録および解析したデータでは、肩の上下の動き以外の点でも演じ方が異なっているところがあった。ダンサー全員で踊る場合を想定した動きでは、上半身を左右に傾ける動作をおこないながら肩を上下させた。ソロパートを想定した動きでは、左右に跳ぶ動作をおこないながら肩を上下させ、最後に上半身を大きく回す動作を加えた。観客といっしょに踊る場合を想定した動きでは、観客の顔を見ながら上半身を左右に傾けながら肩を上下に動かしつつ、少しずつ全体の動作を速くしていった。

7.3.2.1　全員で踊る場合を想定した動きの分析

　モーションキャプチャのデータをもとに、まずは個々の動作について検討する。図 7.4 に、男性ダンサー（シセイ）によるダンサー全員で踊る場合を想定して演じた動きにおける肩と腰の速度変化および角度変化を示した。この動きでは、左右ともに肩を動かす速さは最速で約 140cm/s となった。右肩を比較的速く動かしている箇所は演技開始から 2.783 秒、3.250 秒、3.900 秒、4.500 秒、5.100 秒、5.700 秒、6.867 秒、7.583 秒の計 8 箇所の時点であった。それぞれの間隔は 0.467 秒、0.650 秒、0.600 秒、0.600 秒、0.600 秒、1.167 秒であり、最初と最後の点以外では、約 0.6 秒程度の間隔で肩を速く動かしていることがわかった。

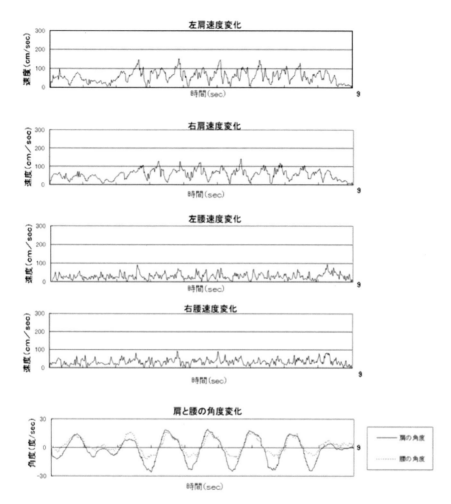

図 7.4 男性ダンサー（シセイ）によるダンサー全員で踊る場合を想定して演じた肩と腰の速度変化および角度変化

　一方、左肩を比較的速く動かしている箇所は 2.667 秒、3.867 秒、5.100 秒、6.267 秒、7.467 秒の計 5 箇所であった。それぞれの間隔は 1.200 秒、1.233 秒、1.167 秒、1.200 秒であり、約 1.2 秒程度の間隔で肩を速く動かしていることがわかった。それぞれの肩の動きが一定の間隔であることを見出だせたが、速度変化から、左右の肩を同時に動かしているのではなく、ずれが生じていることもわかった。腰の速度は左右ともに最速で約 90cm/s となったが、肩のように、一定の間隔でおこなわれている動作を見いだせなかった。

　角度変化については、全身を左右に傾ける動作が加わったことで肩、腰ともに最大 25 度程度の傾きが生じていた。傾きがもっとも大きくなる箇所は 2.867 秒、3.417 秒、4.100 秒、4.667 秒、5.300 秒、5.917 秒、6.500 秒、7.133 秒、7.700 秒の計 9 箇所の時点であった。それぞれの間隔は 0.550 秒、0.683 秒、0.567 秒、0.633 秒、0.600 秒、0.600 秒、0.633 秒、0.567 秒であり、約 0.6 秒程度の間隔で上半身を左右に傾ける動作をおこなっていることがわかった。

7.4.2.2　ソロパートを想定した動きの分析

　図 7.5 に、ソロパートで踊る場合を想定して演じた動きにおける肩と腰の速度変化および角度変化を示した。この動きでは、右肩を動かす速さは 1 箇所のみ最速で約 160cm/s となったが、それ以外は速さが増す箇所でも 80cm/s から 140cm/s に収まった。全体的に速く動かしている箇所が多く、速さのピークが一定の間隔になっていることは見出せなかった。しかし速さが遅くなる区間に着目すると、2.450-2.867 秒、4.767-5.233 秒、7.100-7.500 秒までの 3 区間で遅くなり、1 つの区間あたりの長さはそれぞれ 0.417 秒、0.466 秒、0.400 秒であり、各区間どうしの間隔はそれぞれ 1.900 秒と 1.867 秒であった。左肩も全体的に速く動かしている箇所が多く、速さのピークが一定の間隔になっていることは見出せなかった。一方、速さが遅くなる区間は 2.467-2.867 秒、4.750-5.167 秒、7.100-7.433 秒の 3 箇所であった。1 つの区間あたりの長さはそれぞれ 0.400 秒、0.417 秒、0.333 秒であり、各区間どうしの間隔はそれぞれ 1.883 秒と 1.933 秒であった。左右の肩の動きが遅くなる区間に着目すると、ほぼ同じ間隔で遅くなっていた。

　腰の速度は左右ともに最速で約 90cm/s となった。速さのピークおよび遅くなる区間に着目したが、肩のような傾向は見いだせなかった。腰の角度変化については、最後に上半身を大きく回す箇所を除くと、肩、腰ともに 10 度以下の傾きにとどまることがわかった。グラフは全体的に小刻みな動きになっており、動作の間隔にかんする傾向は見出せなかった。

7.3.2.3　観客と踊る場合を想定した動きの分析

　図 7.6 に、観客と踊る場合を想定して演じた動きにおける肩と腰の速度変化および角度変化を示した。この動きでは、左右ともに肩を動かす速さは最速で約 140cm/s となった。右肩を比較的速く動かしている箇所は、演技開始から順に 7 箇所まで見ていくと、0.517 秒、0.850 秒、1.450 秒、1.717 秒、2.033 秒、2.583 秒、2.917 秒であり、ここまでは約 0.3〜0.5 秒ごとに速い動作をおこなっていた。ここから動作の間隔がせばまっていき、次の 7 箇所まで見ていくと 3.133 秒、3.383 秒、3.683 秒、4.000 秒、4.283 秒、4.700 秒、4.883 秒、5.233 秒であった。この区間からは 0.3 秒以下の間隔になる箇所があらわれはじめ、少しずつ動作の間隔が短くなっていることがわかった。

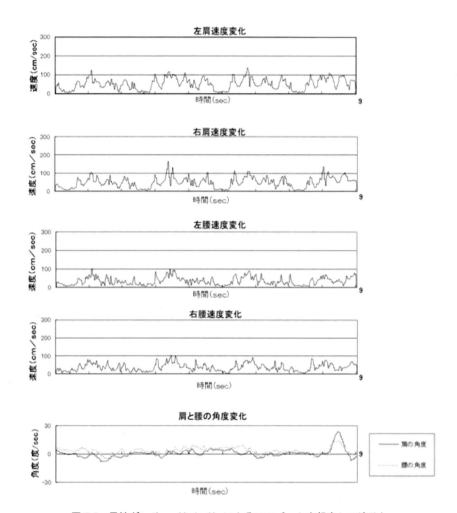

図7.5　男性ダンサー（シセイ）によるソロパートを想定して演じた
肩と腰の速度変化および角度変化

　左肩も同様に、最初の7箇所は約0.3〜0.5秒間隔で速い動作をおこなっており、
次の7箇所では、右肩と同様、0.3秒以下の間隔になる箇所があらわれはじめた。
腰の速度について、右腰では7.600秒と8.867秒の時点で120cm/sを超えており、
それら以外の3箇所でも約100cm/sとなった。左腰では8.067秒の時点で120cm/s、
6.383秒の時点で約100cm/sとなった。速さのピークをもとに動作の間隔の特徴を
見出すことはできなかった。しかし遅くなる箇所に着目すると、右腰では0.983秒、
2.183秒、3.250秒、4.400秒、4.967秒、5.667秒、6.217秒、6.817秒、7.383秒の時点

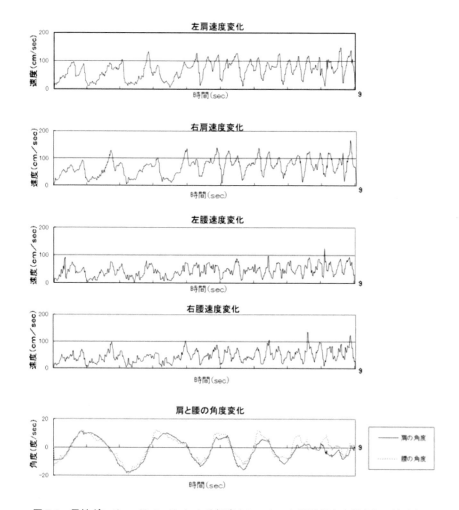

図7.6　男性ダンサー（シセイ）による観客といっしょに踊る場合を想定して演じた 肩と腰の速度変化および角度変化

で遅くなっており、それぞれの間隔は 1.200 秒、1.067 秒、1.150 秒、0.567 秒、0.700 秒、0.550 秒、0.600 秒、0.566 秒となり、少しずつ動作の間隔が短くなっていくことがわかった。

　肩の角度について、肩の左右の傾きが大きくなる箇所は 0.817 秒、2.183 秒、3.333 秒、4.383 秒、5.200 秒、5.667 秒、6.233 秒、6.833 秒の時点であり、それぞれの間隔は 1.366 秒、1.150 秒、1.050 秒、0.817 秒、0.467 秒、0.566 秒、0.600 秒となっている。角度変化からも、少しずつ動作の間隔が短くなっていることがわかった。

7.3.2.4　動きの比較

　本節では 3 つの状況を想定した動きをもとに比較検討した。それぞれの動作において肩を上下に動かすという点は共通しているが、シセイは左右に上半身を動かす動作を加えたり、肩を動かす間隔を変えたりすることにより、それぞれの状況において異なった動きをおこなっていた。

　モーションキャプチャをもちいた分析をつうじて、肩を動かす速さはほぼ同じであることがわかった。シセイへの聞き取りでは、腰の動きはどの状況でも変わらないと述べていた。しかし速度を見ると、全員で踊る場合とソロパートではもっとも速く動かす際の速さは変わらないが、観客といっしょに踊る場合は、他の 2 つの場合よりも速く動かしていることがわかった。角度変化に着目すると、いずれの場合においても一定の間隔を保ちながら動作をおこなっていることがわかった。

7.4　動作の組み合わせの多様性－新しい表現としてのアイドル

7.4.1　アイドルとダンス

　本節では、動作の組み合わせの多様性をめぐる最新の動向として、アイドルグループによるダンスについて考察する。調査のなかで、アディスアベバのレストランなどにおいて伝統的ダンスを取り入れたパフォーマンスをおこなう若者のグループが活動していることがわかった。第 6 章で紹介した 2000 ハベシャのプログラムでは、女性グループの「ハガル」（*Hagar*）、ヨッド・アビシニアのオールドエアポート店のプログラムでは男性グループの「エチオピアウィネット」（*Ethiopiawinet*）が出演していた。写真 7.4 に、ハガルが 2000 ハベシャでダンスをおこなう様子を示す。

　このようなグループが誕生したきっかけは、公共放送の EBC（Ethiopia Broadcasting Corporation）で 2013 年から 2015 年にかけて放送されたオーディション番組「バラゲル・アイドル」（Barageru Idol）である。この番組は歌手などを目指す人びとがオーディションで競い合う内容であり、そのなかで、アイドルグループとしてエチオピアの伝統的なダンスを取り入れたパフォーマンスをおこなう若者たちが出演するようになった。

　彼らのパフォーマンスには共通した特徴がある。彼らは 10 分-15 分程度のダンスをおこなうのであるが、その内容は非常に細かく区切られている。たとえばウォロの音楽でパフォーマンスがはじまり、約 30 秒間ウォロのダンスをしたら突然音楽が途切れてダンサーたちの動きも止まる。そしてすぐにゴッジャムの音楽が始まり、ダンサーたちはゴッジャムのダンスをはじめ、また約 30 秒間後に音楽とダンスが途切れて次の音楽が始まる、というのを繰り返す。

　国立劇場やレストランでは、1 つの民族・地域ごとに演目を立て、その民族のダンスにおける基本的な動作を組み合わせて、5 分程度の演目を創作していた。しか

写真 7.4　「ハガル」の上演の様子（2019 年 3 月 5 日筆者撮影）

しアイドルグループでは、10〜15 分程度のパフォーマンスのなかで、さまざまな民族のダンスをおこなう方針で創作されている。そのため、必然的に、彼らの使う音楽は録音されたものになる。

7.4.2　アイドルグループ「ハガル」の事例

　アイドルグループの人びとの実践について、2019 年 3 月 13 日、国立劇場において「ハガル」の男性マネージャーであるタリク・マンゲジャにたいしグループの活動内容にかんする聞き取りをおこなった。

　タリクは 1995 年 2 月 4 日、アディスアベバのシデストキロの近くで生まれた。父は工員、母は専業主婦で、家族にダンスや音楽の関係者はいなかった。中等課程の 1 年生の時にミニ・メディアという課外活動のなかで 1 年間ダンスを学んだ。18歳でアマチュアグループのセイデルタ（Seyidertta）において 1 年 5 ヶ月間、次いでアマチュアグループのチャデット（Chadeite）で 2 ヶ月間ダンスを学んだ。プロのダンサーとしてデサレッチ（Desalech）というレストランで 8 ヶ月働いた後、2000ハベシャのダンサーとなった。

　タリクが「ハガル」にかかわったきっかけは、もともとアマチュアダンスグループであった「ハガル」の側から、ダンスの指導を依頼されたのがきっかけであった。当初はダンスの指導のみをおこなっていた。演目の内容は第 4 章で取り上げた他のグループと同様で、民族・地域ごとに演目を立て、基本的な動作の組み合わせることで演目を創作していた。

　転機が訪れたのは 2015 年のことである。テレビ番組の「バラゲル・アイドル」をきっかけに、タリクの発案で「ハガル」でも同様のパフォーマンスをおこなうことになった。これが成功し、2000 ハベシャへの定期出演以外に、メディアなどにも登場するまでになった。

　「ハガル」では、タリクがマネジメントとダンス指導をおこなっている。ステージに上がれるのはメインの 8 人である。実際は 65 人が所属しており、メインメンバーに欠員が生じると 65 人の中から新たに補充される。2000 ハベシャでは水曜と金曜に約 15 分間出演することになっており、1 ヶ月 20,000 ブルで契約している。

　「ハガル」のパフォーマンスについては、振り付けと音楽の編集をタリクが担当している。音楽はさまざまな民族・地域の既存の音楽をつなぎ合わせることで制作する。そしてそれぞれの音楽の題材となっている民族・地域のダンスを演じるという方法で、約 10-15 分の演目に仕上げるとのことであった。「ハガル」のパフォーマンスには現代的なダンスの動きや即興の要素も取り入れられており、たとえば女性ダンサーがアドリブで叫び声を出すこともある。その点について、タリクによると、伝統的なダンスにない動きをアレンジとして加えることもあるし、ダンサーたちの感情の現れとして声を出すことがあると認めたうえで、基本方針は、音楽の題材となっている民族・地域と合うように、ダンスの基本的な動作を組み合わせていると述べた。

　「ハガル」のパフォーマンスでは、既存の創作方法をもちいて、約 30 秒ごとにさまざまな民族・地域の動作を組み合わせたダンスをおこなう。そしてそのようなダンスをさらにつなぎ合わせることで 10-15 分のパフォーマンスを成立させている。この点において、「ハガル」のパフォーマンスは、動作の組み合わせの多様性を示す事例のひとつであるといえる。

　このような活動方針が生まれた事情について、タリクは、プロのダンサーになることが困難であることを指摘した。第 4 章で述べたように、アマチュアからプロのダンサーへの道は決して平坦なものではない。タリクによると、アイドルという方針を採ることで、メンバー自身がマネジメントをおこない、自分たちからレストランやメディアなどに売り込みをかけて仕事を獲得することができるようになったという。タリクは、既存の筋道ではない、アイドルというまったく違う「プロへの道」を発見したことが重要であると述べた。

7.5　アディスアベバにおけるダンス表現の広がり

　本章では国立劇場やレストランといったひとつの場のみに着目するのではなく、さまざまな場に横断的にかかわっている事例をもとに、アディスアベバにおけるダンス表現の広がりについて考察した。

　演目の多様性については、「アリ」が国立劇場からレストランへ伝播していった

事例を取り上げ、そのなかでのダンサーたちの実践を明らかにした。基本的な動作の多様性については、ダンサーどうしの基本的な動作の比較では、ダンサーごとの動作の違いがあった一方で、共通点があることも見出だせた。そして1人のダンサーによって演じられる動作であっても、状況に応じて演じ方を変えていることにより表現の多様性が生まれていることがわかった。基本的な動作の組み合わせの多様性については、本章ではアイドルグループの人びとの実践を手がかりに、国立劇場やレストランにはなかった表現を生み出している事例について考察した。

　終章では、調査結果をふまえ、現代のエチオピア都市部におけるダンスの特徴についての考察をつうじて、エチオピアのダンスにおける創造性について論じる。

終章

多様性から創造性へ

　エチオピアでは、帝政期より政策の一環として国内の各民族のダンスにかんする調査と上演がおこなわれてきた。2012 年に、国立劇場では既存の演目に民族的な偏りがあったことをふまえて各地での調査と新演目の創作に取り組むようになった。2016 年には、文化政策において文化をつうじた国家の調和と統合が目標のひとつとして掲げられた。レストランなどで演じられるダンスにかんしても、文化政策において、対外的なイメージの向上と経済への貢献が期待されるようになった。都市部では政治と社会の状況が変化するなかでダンスは受け継がれ、さまざまな表現が生み出されてきた。

　本研究では、現代のエチオピア都市部におけるダンスの継承と創造に着目し、そのなかでの人びとの実践にかんする記述をとおして、その特徴を明らかにした。第 2 章での調査をとおして、アディスアベバのダンスには「民族・地域ごとに演目を立てる」「基本的な動作の組み合わせで演目を創作する」という特徴があることがわかった。これらは国立劇場やレストランなどのプロのグループおよび、アマチュアダンスグループにおいて共通して見られるものであった。そしてこれらの特徴について、第 3 章での調査をつうじて、1969 年からヴァダシィによっておこなわれた講義の影響であることが示唆された。

　ダンスの学びかたに着目すると、第 4 章での調査をつうじて、プロになる前の段階で、20 演目程度の民族のダンスと、その中に含まれる動作を幅広く学ぶことが必要であることがわかった。そしてダンサーたちがダンスを学ぶ場について、地域社会から、学校、劇場、アマチュアグループなどへと移っていきつつあることを見出だせた。ダンスを学ぶ方法にかんしては、公式なテキストや教材はないものの、劇場などにおける見習いやアマチュアグループへの参加によって、プロから直接指導を受けることができているとわかった。

　これらの特徴と、ダンスの表現、ダンスがおこなわれる場、社会集団という 3 つの要素の関連をふまえることで、アディスアベバにおけるダンスの多様性をめぐって 3 つの観点から考察した。第 1 に「演目の多様性」、第 2 に「基本的な動作の多様性」、第 3 に「基本的な動作の組み合わせの多様性」である。

　第 1 の「演目の多様性」について、その背景として、第 1 章で国立劇場では演目の偏りを解消するために少数民族などのダンスにかんする調査と演目化を進め、演目を増やそうとしていることを述べた。第 2 章では国立劇場の演目すべてを示した。そのなかには民族や地域を題材としたものだけでなく、新年や「アドワの戦い戦勝

記念日」といった特別な日に演じられる演目もあった。第5章では新演目「シダマ」
の創作についての検討をつうじて、新たな演目にかかわる人びとの実践を明らかに
した。

　第2の「基本的な動作の多様性」について、第2章では国立劇場においてダンス
の基本的な動作として26演目262種類を確認できたことを示した。そのうえで、
第6章と第7章では、聞き取り調査とモーションキャプチャをつうじて、ダンサー
によって基本的な動作の演じ方に違いがあることと、1人のダンサーにおいても状
況に応じて動作の演じ方を変えていることを明らかにした。

　第3の「基本的な動作の組み合わせの多様性」について、第2章と第5章では国
立劇場の「ウォロ」と「シダマ」の事例を示した。第6章では「アガウ」について、
国立劇場とレストランでの演出の違いに着目しながらその内容を示した。第7章で
は「アリ」を事例として、国立劇場からレストランへと演目が広がっていく過程と、
そのなかでの動作の組み合わせと演出の変化を検討した。さらに近年の新しい動向
として、アイドルグループ「ハガル」の事例を示した。これらの考察をつうじて、
アディスアベバにおけるダンス表現が多様性を増していく過程を明らかにした。

　これらを概観すると、ダンスがおこなわれる場および社会集団とのかかわりのな
かで、ダンスの表現は次々と変化していき、多様性を増していきつつあるといえる。
本研究では国立劇場とレストランを中心に調査をおこなったが、アディスアベバで
は祭りの際にも街中でダンスがおこなわれ、メディアでも日々さまざまなダンスの
映像が流されている。ダンスをめぐる環境もまた、日々広がりを見せている。

　ここで第1章で取り上げた、林屋（1986）による「座」と、源（1992）による「型」
をめぐる視点について、調査結果をもとに再考する。林屋の「座」には、芸能をお
こなう集団そのものを示す「座」と、芸能の演者と観客とが集まる場としての「座」
という2つの意味合いがあった（林屋 1986）。林屋の視点を踏まえることで、本
研究ではエチオピアの政治的背景と歴史的経緯をふまえ、国立劇場とレストランと
の演出の違い、観客との関係、状況に応じた動作の演じ分けや演目の組み立てなど
に着目できた。言い換えると、林屋による「座」と芸態との関連という視点をふま
えたうえで、さまざまな「座」における表現の多様性を描き出すことができたとい
える。

　一方、先行研究の見解とは異なる結果となったと考えられるのが、源の「型」に
おける「フォーム」と「スタイル」をめぐる問題である。源は「フォーム」を「『型』
のうち『基本的な単純な型』もしくは『基本型』」とし、一般性、規範性を持つも
のであり、学習における模倣の手本となるものとした（源 1992：21）。一方の「ス
タイル」は「文化のある局面、文化のある要素をめぐる概念」であり、「フォーム」
をもとに演者ごとの個性が発揮された型であり、意外性、突発性、機智性が含まれ
るものとした（源 1992：21）。

　アディスアベバの劇場やレストランのダンスにおける「フォーム」に相当するも

のは何であろうか。1969 年のヴァダシィの講義では、調査をもとにさまざまな民族におけるダンスの動作の特徴を分類したうえで、1 つずつ動作を教えるという方針を採っていた。言い換えれば、ヴァダシィがエチオピア各地のダンスをアディスアベバにおけるダンス教育に持ち込む際に、動作の定式化、すなわち「フォーム」の創作をおこなったといえる。

　ヴァダシィ以降、エチオピアの公的な教育機関においてダンスの専門教育がおこなわれることはなかったが、ヴァダシィの「民族・地域ごとに演目を立てる」「基本的な動作に分けてダンスを学ぶ」という方針が、アディスアベバに残った可能性が調査から示唆された。ヴァダシィの教え子には第 3 章で取り上げたナガシュのように国立劇場のダンスに強い影響を及ぼした人物も現れたが、無名のダンサーとして、ヴァダシィの創作方法や教育法を実践した者たちもいたと予想できる。今日に至るまで、伝統的ダンスにかんするテキストや教材などはつくられず、公的な教育機関における講義も開かれることはなかった。しかし第 4 章で示したように、アディスアベバではさまざまなグループが活動を続けており、それぞれのグループにおいて各民族のダンスが定式化されることによって、グループごとにフォームが創られ、それをもとにした演目の創作と指導が続けられてきたといえる。

　今日における基本的な動作の曖昧さの背景には、グループごとのフォームのちがいが原因にあると考えられる。1 人のダンサーのみに着目すれば、そのダンサーはプロとして、みずからのダンスの内容に確信を持ってひとつひとつの動作を演じているといえる。しかし何人かのダンサーによる動作やダンスをめぐる認識を突き合わせると、そこにちがいが生じることがある。たとえば国立劇場の練習では、ダンサーどうしの動作のタイミングを合わせることに重点が置かれていた。これもダンサーたちがそれぞれ異なった基本的な動作を身につけており、国立劇場という場でそれらを突き合わせて演目を創作する際に、必要な手順であったと考えられる。

　アディスアベバではこれまでに示した歴史的経緯のもとで、ダンスの表現が多様性を増していった。しかしその一方で、ダンサーたちのあいだで共有されているものもあった。たとえばアムハラのソロパートでは「ウォロ」「ゴッジャム」「ゴンダール」の動作は演じて良いが、それら以外は決して演じていなかった。ある民族の演目をおこなう際は、音楽、歌詞の言語、ダンス、衣装など、すべてその民族のもので揃えていた。

　源は「スタイル」の長所として「意外性、突発性、機智性」があることを指摘した（源 1992：21）。アディスアベバにはさまざまな「フォーム」があり、国立劇場やレストランという場において、ダンサーたちがそれぞれの「フォーム」を突き合わせることで「フォーム」は相対化され、「スタイル」のような性質を発揮できるようになると考えられる。さらにダンサーたちは、状況に応じて演じ方や演出を変えることにより、さまざまな「スタイル」を創り出している。そこには意外性、突発性、機智性にあふれた世界が広がっている。しかしその世界は何をやってもい

いような野放図なものではなく、ある程度の枠組みがあることが調査から示唆され、ダンサーたちはその枠組みを守ろうとしていることがうかがわれた。このような状況が、アディスアベバのダンスにおける創造性の源泉となっていると考えられる。

　調査のなかで感じたことのひとつは、プロになることの困難さである。アディスアベバでは国立劇場やレストランでプロとして雇用されるには、多くの演目と基本的な動作を習得しなければならない。しかしそれらを学ぶための方法は、縁故などのめぐり合わせに頼る部分があり、すべての人びとに開かれているとは言い難い。やはりこれは、プロを目指すダンサーにとって厳しい状況であることは否めない。

　本研究によって得た資料をもとに、系統立ててエチオピアのダンスを分類したり、各演目に含まれる基本的な動作をデータベース化したりすることは可能である。このような資料は、アマチュアダンサーたちにとって格好の教材となりうるかもしれない。しかしそれが果たしてエチオピアの文化に貢献することになるかといえば、限りなく疑わしい。系統立てられ、わかりやすく示された資料であるがゆえに、エチオピアのダンスにおける多様性を育んできた環境を毀損することにもなりかねない。

　現在のエチオピアは全土に道路が整備されつつあり、インターネットやメディアをめぐる環境は激変し、人とモノと情報とがすさまじいスピードで行き渡るようになった。観光文化省の文化政策において明確に示されたように、エチオピアでは、ダンスなどの文化にも経済的役割が求められつつある。それがアディスアベバの、さらにはエチオピアのダンスにおける、経済面での効率性と文化の多様性とをめぐる課題を生み出すのではないだろうか。

　今後、ダンスの上演や教育をめぐる環境も大きく変化していくことが予想される。本研究を教材化して公開すれば、観光業などにダンスを活かすことにも役立てられるであろう。しかし経済面での一時的な利点にとらわれるのではなく、エチオピアの文化が持っている創造性についても、同時に発信していくことを心がけたい。.

文献・参考資料

欧文

Aihara.S., Endo.Y., Hachimura.K., 2012 *"Possibility of the Motion Capture System in Fieldwork"* International Symposium: Human Body Motion Analysis with Motion Capture pp.69-74.

Askew.K.M., 2002 *"Performing the Nation - Swahili Music and Cultural Politics in Tanzania"* The University of Chicago Press, Chicago.

Beyene.T., Pankhurst.R., 1988*"Silver jubilee anniversary of the Institute of Ethiopian Studies: proceedings of the symposium"*Addis Ababa University, Addis Ababa, pp.24-26

Cohen.E., Cohen.S., 2012 *"Authentication: Hot and Cool"*, Annals of Tourism Research, 39(3): pp1295-1314, Amsterdam.

Edmondson.L., 2007 *"Performance and Politics in Tanzania - The Nation on Stage"* Indiana University Press.

Ethiopia National Theater Public relation department, 2014, "የኢትዮጵያ ብሔራዊ ቴአትር የዜጎች ቻርተር *(Ethiopian National Theater Citizen's Charter)"* Ethiopia National Theater.

Ethiopia National Theater Public relation department, 2015,*"Ethiopian National Theater 60 Years 1948-2008"* Ethiopia National Theater.

Kawase.I., 2007, *"Filming Itinerant Musicians in Ethiopia: Azmari and Lalibalocc: Camera as Evidence of Communication"* Nilo-Ethiopian studies vol.11, pp.39-49.

Kealiinohomoku.J., 1976,*"Theory and methods for an anthropological study of dance"* Indiana university doctoral dissertation.

Kimberlin.C.T., 1980,*"The Music of Ethiopia - Music of many Cultures"* University of California Press, pp.232-252.

Kimberlin.C.T., 1986, *"Dance in Ethiopia"* International Encyclopedia of Dance Oxford Univ. press, pp.530-534.

Getahun.S.A., Kassu.W.T., 2014 *"Culture and Customs of Ethiopia"* Greenwood.

Lomax.A., 1969, *"Choreometrics: A Method for the study of Cross-cultural Pattern in Film"* Research Film, vol.6 no.6 pp.505-517] Ronald D. Cohen edited 2003 Alan Lomax Selected writings 1934-1997 Routledge, New York pp.275-284

Martin.G., 1967, *"Dance Types in Ethiopia"* Journal of the International Folk Music Council 19, pp.23-27.

Ministry of Culture and Tourism, 2016, *"Cultural Policy of the Federal Democratic Republic of Ethiopia"* Ministry of Culture and Tourism.

Moges.E,Y,. 2013,*"Dagu' as a Cultural Regulator among the Afar People - The Communication aspect"* LAMBERT Academic Publishing.

Sarosi.B., 1966 *"The melodic patterns in the folk music of the Ethiopian peoples"* Proceeding of the third international conference of Ethiopian studies Institute of Ethiopian Studies Haile Selassie I Univ, pp.280-286.

Solomon.A. and Wudu.T.K., 2014,*"Culturte and Customs of Ethiopia"*, Greenwood.

Tsehaye.H., 2016, *"Investigation of the Philosophical Background in the Process of Documenting and Archiving Dances by Hungarian and Ethiopian Scholars as a Means of Facilitating Intercultural Dialogue"* (Master thesis), University of Roehampton.

Udoka.A., 2006 *"Nigerian traditional dances at the digital archival frontiers: prospect of the motion capture"* The

National Univ. of Lesotho Journal of research and creative writing TSEBO Vol.1 No.1 Lesotho, pp.63-68.

Urry.J., Larsen.J., 2011, "*THE TOURIST GAZE 3.0*" Sage Publications, [加田宏邦訳（1995）『観光のまなざし（増補改訂版）』法政大学出版局、東京].

Vadasy.T., 1970, "*Ethiopian Folk-Dance Ⅰ*" Journal of Ethiopian Studies Vol.8 No.2, Haile Sellassie I University, pp.119-146.

Vadasy.T., 1971, "*Ethiopian Folk-Dance Ⅱ: Tegré and Guragé*" Journal of Ethiopian Studies Vol.9 No.2, Haile Selassie I University, pp.191-217.

Vadasy.T., 1973,"*Ethiopian Folk-Dance Ⅲ: Wällo and Galla*"Journal of Ethiopian Studies Vol.11 No.1, Haile Selassie I University, pp.213-231.

Yared School of Music, 1973, "*Yared Music School Annual*" Yared School of Music.

Younge, P. et al., 2013,"*Music and Dance traditions of Ghana - History, Performance and Teaching*" McFarland & Company Inc Publishers.

邦文

相原進（2007）「日本の芸能研究における視角と方法に関する考察―『環境論』と『芸態論』を中心として」『立命館産業社会論集』第 43 巻第 3 号, pp.61-77.

相原進・遠藤保子（2014）「坦桑尼亞舞蹈和舞蹈的數位記錄、解析 The Digital Recording and Analysis of Tanzanian Dance」台湾身体文化学会『身體文化學報』19 号, pp.27-47.

相原進・遠藤保子（2015）「ガーナ国立舞踊団（Ghana Dance Ensemble）における舞踊の練習に関する考察」『立命館産業社会論集』第 51 巻第 3 号, pp.125-134.

相原進（2016）「アフリカにおける舞踊とツーリズム：タンザニアを事例に」日本スポーツ人類学会編『スポーツ人類學研究』第 18 号 pp.11-20.

相原進・遠藤保子・野田章子（2016）「エチオピアの舞踊特性と舞踊のデジタル記録・解析・考察（上）」『立命館産業社会論集』第 52 巻第 3 号, pp.93-113.

相原進・遠藤保子・野田章子（2017）「エチオピアの舞踊特性と舞踊のデジタル記録・解析・考察（下）」『立命館産業社会論集』第 52 巻第 4 号, pp.97-115.

相原進（2017）「タンザニアの伝統舞踊：舞踊とツーリズム」寒川恒夫編『よくわかるスポーツ人類学』ミネルヴァ書房, pp.158-159

相原進・遠藤保子・高橋京子（2018）「ケニアの舞踊と舞踊のデジタル記録・解析・考察」『立命館産業社会論集』第 53 巻第 4 号, pp.85-102.

相原進（2020）「エチオピアの民族舞踊―国立劇場における新演目の創作過程を事例に」遠藤保子監修・弓削田綾乃・高橋京子・瀬戸邦弘・相原進共編著『映像で学ぶ舞踊学―多様な民族と文化・社会・教育から考える』大修館書店, pp.122-129.

相原進・遠藤保子（2020）「ガーナの民族舞踊－ガーナ国立舞踊団にみる社会と舞踊」遠藤保子監修・弓削田綾乃・高橋京子・瀬戸邦弘・相原進共編著『映像で学ぶ舞踊学―多様な民族と文化・社会・教育から考える』大修館書店, pp.130-135.

池田章子（2000）『エチオピアの民族舞踊－ダンスと人びとの生活－』立命館大学修士論文（社会学）.

池田章子（2000）「エチオピアのダンス研究史」『スポーツ史研究』13 号, pp.43-53.

石川博樹（2014）「エチオピアのキリスト教」日本アフリカ学会編『アフリカ学事典』昭和堂, pp.20-21.

遠藤保子（1989）「アフリカに関する舞踊人類学の研究動向」舞踊学会編『舞踊學』第 12 号, pp.44-46.

遠藤保子（1991）「民族と舞踊」片岡康子編『舞踊学講義』大修館書店, pp.22-31.

遠藤保子（1999）「舞踊人類学研究の国際動向」『体育学研究』44 号, pp.325-333.

遠藤保子（2000）「舞踊人類学に関する研究動向と文献紹介」舞踊學第 23 号 pp.119-124

遠藤保子（2001）『舞踊と社会－アフリカの舞踊を事例として』文理閣.

遠藤保子(2004)「舞踊と文化」寒川恒夫編『教養としてのスポーツ人類学』大修館書店, pp.75-82.

遠藤保子（2005）「アフリカの舞踊研究」日本体育学会編『体育学研究』第 50 号, pp.163-174.

遠藤保子（2006）「ラゴスでの MOCAP 報告会」（社）日本女子体育連盟『女子体育』第 48 巻第 6 号,p.59

遠藤保子（2007）「村のダンスと舞踊団」国立民族学博物館編『月刊みんぱく』第 31 巻第 5 号,p.4

遠藤保子（2009）「舞踊の記録・保存・伝承に関する歴史的考察-アフリカの舞踊を事例として-」船井廣則他編著『スポーツ学の冒険-スポーツを読み解く「知」とは』黎明書房,pp.68-77

遠藤保子（2010）「スポーツ人類学と開発教育－モーションキャプチャを利用したアフリカの教育教材」日本スポーツ人類学会編『スポーツ人類學研究』第 12 号,pp.1-25

遠藤保子・高野牧子・打越みゆき・細川江利子編著（2011）『舞踊学の現在―芸術・民族・教育からのアプローチ』文理閣.

遠藤保子・相原進・八村広三郎（2013）「ナイジェリア国立舞踊団と舞踊のデジタル記録・保存」立命館大学産業社会学会編『立命館産業社会論集』第 48 巻第 4 号, pp.1-18.

遠藤保子・相原進・高橋京子・八村広三郎（2013）「ガーナの舞踊と舞踊のデジタル記録・保存」立命館大学産業社会学会編『立命館産業社会論集』第 49 巻第 1 号, pp.23-44.

遠藤保子（2014）「舞踊」日本アフリカ学会編『アフリカ学事典』昭和堂, pp.58-59.

遠藤保子・相原進・高橋京子編著（2014）『無形文化財の伝承・記録・教育－アフリカの舞踊を事例として』文理閣.

遠藤保子・相原進・高橋京子（2017）「アフリカの舞踊に関するデジタル・アーカイブと教育的活用」立命館産業社会学会編『立命館産業社会論集』第 53 巻第 4 号, pp.69-84.

遠藤保子監修・弓削田綾乃・高橋京子・瀬戸邦弘・相原進共著（2020）『映像で学ぶ舞踊学―多様な民族と文化・社会・教育から考える』大修館書店.

遠藤保子・相原進・高橋京子（2020）「デジタル教材の制作」遠藤保子監修・弓削田綾乃・高橋京子・瀬戸邦弘・相原進共編著『映像で学ぶ舞踊学―多様な民族と文化・社会・教育から考える』大修館書店, pp.190-193.

岡倉登志編著（2007）『エチオピアを知るための 50 章』明石書店.

片岡康子（1989）「舞踊の意味と価値」舞踊教育研究会編『舞踊学講義』大修館書店,pp.2-11.

川田順造（1999）『アフリカ入門』新書館.

神戸周（2018）「ブラジルの民衆舞踊パッソの変容に関する一考察－そのダンス様式および継承方法に着目して」『東京学芸大学紀要 芸術・スポーツ科学系』70 号 pp.99-112.

小森淳子・米田信子（2014）「総説－言語・言語学」日本アフリカ学会『アフリカ学事典』昭和堂, pp.96-107.

阪本寧男（1988）『雑穀のきた道』日本放送出版協会.

鈴木孝夫（1969）『高地民族の国エチオピア』古今書院.

大門碧（2015）『ショー・パフォーマンスが立ち上がる：現代アフリカの若者たちがむすぶ社会関係』春風社.

塚田健一(1999)「アフリカ」柘植元一・塚田健一編『はじめての世界音楽』音楽之友社, pp.19-40.

塚田健一（2000）『アフリカの音の世界　音楽学者のおもしろフィールドワーク』新書館.

バーバリッチ優子（1998）「エチオピアの民族舞踊」社団法人アフリカ協会編『月刊アフリカ』1998 年 5 月号　pp.18-23

野田章子・相原進（2020）「Ⅳ・4 デジタル教材の活用―デジタル教材『エチオピアの社会と舞踊』の概要と実践報告」遠藤保子監修・弓削田綾乃・高橋京子・瀬戸邦弘・相原進共編著『映像で学ぶ舞踊学―多様な民族と文化・社会・教育から考える』大修館書店, pp.194-197.

橋本和也（1999）『観光人類学の戦略―文化の売り方・売られ方―』世界思想社.

橋本和也（2011）『観光経験の人類学―みやげものとガイドの「ものがたり」をめぐって―』世界思想社.

橋本和也（2016）「スポーツ観光研究の理論的展望―『パフォーマー・観光者』への視点」観光学術学会『観光学評論』Vol.4-1, pp.3-18.

橋本裕之（1993）「民俗芸能研究という神話」民俗芸能研究の会・第一民俗芸能学会編『課題としての民俗芸能研究』ひつじ書房, pp.4-15.

林屋辰三郎(1975)「芸能史における観客と環境」藝能史研究会編『藝能史研究』第 50 号 pp.1-10.

林屋辰三郎（1981）「序章」藝能史研究会編『日本芸能史 1　原始・古代』法政大学出版局, pp.1-18.

林屋辰三郎（1986）『「座」の環境』淡交社.

舞踊研究教育会編（1991）『舞踊学講義』大修館書店.

松田凡（1992）「採取民コエグの歌とダンス―エチオピア西南部、オモ川下流平原の民族間関係―」国立民族博物館編『国立民族学博物館研究報告』第 17 巻 1 号, pp.35-96

松田凡（1998）「クイーンシバ・エチオピア民族舞踊団の来日」『JANES ニュースレター』No.7, pp.32-35.

源了圓（1989）『型』創文社.

源了圓（1992）「型と日本文化」源了圓編『型と日本文化』創文社 pp.5-68.

守屋毅（1981）「芸能とは何か」藝能史研究会編『日本芸能史 1　原始・古代』法政大学出版局, pp.19-72.

山路興造（2002）「京都・民俗芸能の今―デジタル・アーカイブをめぐって」立命館大学アートリサーチセンター編『アート・リサーチ』第 2 巻, pp.67-71.

参考資料

外務省「エチオピア連邦民主共和国」https://www.mofa.go.jp/mofaj/area/ethiopia/（参照日 2019 年 11 月 24 日）

野田章子（2016）「エチオピアの社会と舞踊」（デジタル教材）

付録1　メディアページ

　本書に掲載したダンスなどの映像をメディアページにて公開している。出版時
（2021 年 3 月）時点での公開映像は以下である

・エチオピア国立劇場の新年公演（2017 年 9 月収録）
　　第 1 章、第 2 章で紹介した新年公演の映像。

・各ダンス演目における基本的な動作（2019 年 3 月収録）
　　第 2 章で示した、各演目に含まれる基本的な動作。
　　第 2 章、第 5 章、第 6 章、第 7 章で触れた各演目をふくめ、国立劇場の演目す
べての基本的な動作の映像を収録している。本文中で取り上げなかった演目にか
んしては「付録 2　各演目の基本的な動作」において概要を示す。

・新演目「シダマ」（2017 年 9 月収録）
　　第 5 章で題材とした新演目「シダマ」の映像。

　メディアページの URL は以下のとおりである。QR コードからでも同ページに
アクセスできる。

URL ：　http://aiharalabo.sakura.ne.jp/ethiopia/

付録 2 各演目の基本的な動作

　第 2 章でおこなった調査により、国立劇場の各演目の基本的な動作を記述した。付録 2 では、男性の基本的な動作をすべて示す。付録 1 と併用して見やすくなるように、本文中で紹介したものについても再録している。

　なお、表中では「足」「脚」の双方を使っている。ステップや跳躍など足首から先をおもにもちいる動作では「足」を使い、股関節から膝、足首までをおもにもちいる動作では「脚」を使っている。

付録 2.1　ゴッジャムの基本的な動作（男性）

No.	名称	動作内容
1	Shubushabo	左足から左右交互に歩く。肩をゆすりながら、手を前後に振る。
2	Shubushabo	右足を正面、左足を左に向け、右足を踏み込みながら手拍子をする。
3	Eskesta	ひざをもちいた上下の動きに、肩を上下に動かす動作を加える。
4	Mutto	体を起こして跳びながら、肩を前から後ろへ 2 度回すように動かす。1 度のみ、2 度連続、3 度連続でおこなう。
5	Shubushabo	歩きながら、体を左右に振る。
6	Znabu （Enkitukitu）	歩いたりその場で回ったりしながら、肩を震わせる。
7	Eskesta	体を V 字に動かしながら、体を起こした時点で肩を上下に動かす。
8	Shubushabo	両ひざを曲げながら両手を歩くときのように動かす。

付録 2.2　ウォロの基本的な動作（男性）

No.	名称	動作内容
1	Shubushabo	左足を前に、ステップしながら体を左右に振る。移動する場合、右足は右向きにしてすり足にする。
2	Eskesta	左から右へ体を反らすように上半身を大きく回しながら、上半身を右斜めの位置に起こしたところで肩を2回上下に動かし、左斜めの位置に来たら肩を2回上下に動かす。
3	Eskesta	左足を前に置き、右足を右向きで後ろに置いた状態で、右肩と左肩を2回ずつ交互に上下に動かす。
4	Sora（Basic）	肩を左右左、右左右の順に前後に動かす。
4'	Sora（Professional）	肩を左右左、右左右の順に前後に動かしながら、上半身を上下に動かす。
5	Sora with Natara	Natara（長い腰紐）を持ちながら、Sora の動きをする。
6	Shubushabo	左足を前にして、足でリズムを取りながら体を左右に動かす。足で2回リズムを取りつつ体を1回動かす。
7	Eskesta	左右の肩の高さを交互に変えながら、肩を上下に2回動かす。顔は下がっている肩の方を向く。
8	Chefara	顎を出しながら全身を動かす。

付録 2.3　ゴンダールの基本的な動作（男性）

No.	名称	動作内容
1	Shubushabo	左足から左右交互に歩く。肩をゆすりながら、手を左右に振る。
2	Shubushabo	左足を前にし、両手首を振りながら全身を弾ませる。
3	Ant-Eder-Mendek	両手を広げて左足を上げながら、右足で跳ぶ。
4	Hulet-Eder-Chefara	右手と右足、左手と左足を交互に出しながら、両手を広げて体を起こして跳ぶ。

5	Shubushabo	ひざでリズムを取りながら両手をこすり合わせる。指先は手首の位置に動かす。
6	Eskesta	前かがみになり、両手をひざにつける。左右の足を前に出しながら肩を前に出しつつ、前後に2回動かす。
7	Eskesta	足を交互に出しながら、着地時に肩を2回上下に動かす。
8	Shubushabo	両手を前に出しながら左右に動かし、手が端に来たら脇に畳むように動かす。
9	Shubushabo	前かがみになり、小さく左右に動きながら肩を上下に動かす。

付録2.4　メンジャーの基本的な動作（男性）

No.	名称	動作内容
1	Shubushabo	歩きながら3拍子目で手を止め、止めた手の方を向く。
2	Shubushabo	1の動作を、帽子を手に持っている状態でおこなう。
3	Shubushabo	手を広げて肩を上下に動かしながら移動する。
4	Chefara	左右の足で交互にステップしながら、手を追い出すように動かす。
5	Chefara	右脚を上げて左足で片足跳びをして、右、左の順でステップする。1歩目のステップで右手を上げ、2歩目と3歩目で右手を下ろしながら左手を上げる。
6	Chefara	4のステップで、両手を組んで1歩目で上げ、2歩目と3歩目で下ろす。4回めで右足で蹴る動作をしてしゃがみ、立ち上がる。
7	Chefara	肩を上下に動かしながら、小さなステップで回る。

付録 2.5　アガウの基本的な動作（男性）

No.	名称	動作内容
1	Shubushabo	両腕を同じ方向に振りながらステップする。
2	Shubushabo	右から左へ半円を描くようにステップしながら両腕を移動方向へ動かした後、左から右へ動かす。
3	Chefara	上半身を前に倒し、頭を上下に振る。
4	Chefara	上半身を前に倒し、両手を腰に当てながら、顔を左右交互に向ける。
5	Chefara	ステップしながら右腕を少し上げる。右手を上げている状態から手を口元に当てたあと、ふたたびもとの位置に上げる。
6	Chefara	右手を胸に当て、3拍子のステップをする。3拍子目に右足を強く前に踏み出したあと、もとの位置にもどす。
7	Chefara	上半身を前に倒し、尻を後ろへ突き出すのと同時に左足を強く踏み込む。

付録 2.6　アルシ・オロモの基本的な動作（男性）

No.	名称	動作内容
1	Shubushabo	片足を着くのと同時に杖を着き、もう一方の脚を宙で2回動かすのを交互におこなう。
2	Chefara	右手で杖をついたまま、顔を左右に傾けながらステップをする。左足はその場で踏み込む。右足は1度浮かしたまま前に出したあとにもとの位置にもどして踏み込む。
3	Chefara	前かがみになり、その場で左足、右足、左足の順でステップをする。
4	Chefara	右手で杖をつき、顔を正面に向けて動かさないままで、右足を1度浮かしたまま前に出したあとにもとの位置にもどして踏み込んだ後、左足を強く踏み込む。
5	Shupisei	右手で杖をついたまま、両脚を同時に曲げるようにして上に跳ぶ。
6	Shubushabo	右手で杖をついたまま、足を左右左、右左右の順に動かしてステップをおこなう。

付録 2.7　ハラル・オロモの基本的な動作（男性）

No.	名称	動作内容
1	Shubushabo	足は左右交互にステップする。右足は左足よりも強く踏み込む。両腕を斜め上に出した後、胸元に引きつけ、再度斜め上に出すのを繰り返す。
2	Shubushabo	右足を前に出してその場でステップする。前かがみになり、腕を左右交互に出しながら顔を左右に振る。
3	Shubushabo	両腕を広げながら、足を左右交互にステップする。
4	Shubushabo	前かがみになって左手を腰の後ろに当て、右手の手のひらを上に向けて前に伸ばし、足を左右交互にステップする。左手と右手を入れ替え同様の動作をおこなう。
5	Chefara	両腕を振りながら、上半身を前に倒して頭を2度前後に振り、上半身を起こして頭を2度前後に振る。足を左右交互にステップする。右足は左足よりも強く踏み込む。
6	Shubushabo	腰を落とし足を左右交互に強くステップする。ステップに合わせて外側に曲げたひじを左右交互に上げる。
7	Chefara	その場で右足を踏み込み、顔を左右に振りながら、腹の前で腕を交互に上下させる。
8	Chefara	足を左右左、右左右の順にステップしながら、顔を左右に振り、両腕を左右に出す。

付録 2.8　ジンマ・オロモの基本的な動作（男性）

No.	名称	動作内容
1	Shubushabo and Chefara	肩の前に両手を出して前後に動かす。足を左右交互にステップし、右足を強く踏み込む。
2	Shubushabo	左右交互にステップしながら前かがみになり、ひざの前で手を後ろから前へ出す。
3	Shubushabo	上半身を左右交互に傾けながら、傾けた側の足を踏み込む。
4	Chefara	上半身を左右交互に傾けながら、傾けた側の腕を動かす。

付録 2.9　ショワ・オロモの基本的な動作（男性）

No.	名称	動作内容
1	Foleex	基本となるリズムに伴う動作。足を左右交互にステップしながら右足を強く踏み込む。右足を踏み込むのと同時に右手で棒を突き出す。
2	Chefara	右手に持った棒を肩に置き、顔を左右に傾けながら足を左右交互にステップする。
3	Shubushabo	右手に持った棒を立てるようにして上下に動かす。足を左右交互にステップしながら右足を強く踏み込む。
4	Shubushabo	右に移動時は右左右、左に移動時には左右左の順にステップし、3歩目で右手に持った杖を前に突き出す。
5	Shubushabo	両脚を広げて前かがみになって左右交互にステップする。全身を左右に振りながら棒を突き出す。
6	Shubushabo and Chefara	右手に持った棒を立て、顔を左右いずれか同じ方向に向けたまま、足を左右交互にステップする。
7	Chefara	片足を前に出し、引き戻すようにしてその場で強くステップするのを左右交互に繰り返す。ステップに合わせて右手に持った棒を前後に動かす。
8	Shubushabo	棒を肩に担ぐようにして両手で棒の両端を持ち、両肩を回す。右2回、左2回ずつステップする。
9	Chefara	右手に持った棒を立てた状態で、足は右左右、つぎに左右左の順に、ジャンプしながらステップする。
10	Shubushabo	右手に棒を持ち、両腕でリズムを取りながら足を左右交互にステップする。右足を強く踏み込む。
11	Chefara	右手の棒を地面につき、両肩と両脚を震わせる。
12	Shubushabo	棒の両端を持って、胸の前で回すように動かす。足は左、右の順に大きくステップする。
13	Foleex	両足で高く跳びながら、宙で両脚を曲げる。向き合った相手と、跳んだタイミングでお互いに棒で打ち合う動作を追加する場合もある。
14	Chefara	右手に持った棒を立て、左右に大きくステップする。ステップ後に同じ足を動かしてリズムを取る。
15	Foleex	右手の棒を前に向け、右脚を曲げて強く踏み込みながら全身を低くしたあと、全身を跳ぶように伸ばす。

16	Chefara	前かがみになり、上半身を反時計回りに動かす。足を左右交互にステップする。左足を踏み込む時はひざを大きく後ろに曲げた後に強く踏みこむ。
17	Chefara	右手の棒を肩に担いだ状態で、左足で片足跳びをする。
18	Rageda	基本となるリズムに伴う動作。右足を前に出し、ステップしながら顔と腕を動かす。
19	Rageda	基本となるリズムに伴う動作。右足を前後、次に左を踏む動作をおこないながら杖を差し出す。馬が駆けるリズムをイメージする。

付録 2.10　ウォラガ・オロモの基本的な動作（男性）

No.	名称	動作内容
1	Shubushabo and Chefara	あごを突き出し、上半身を震わせながら、足を左右交互に動かしてステップする。
2	Shubushabo and Chefara	右手に棒を持ち、地面に突き立てる。あごを突き出し、上半身を震わせながら、上半身を回すように動かしたり、前後に動かしたりする。
3	Shubushabo and Chefara	両手で棒を持ち、地面に突き立てる。上半身を震わせながら上半身を左右に傾ける。上半身とは反対方向に棒を傾ける。

付録 2.11　ティグレの基本的な動作（男性）

No.	名称	動作内容
1	Shubushabo	全身を揺らしながら、3拍子で左右左の順に歩く。
2	Shubushabo	ひざでリズムを取りながら、体を左右に動かし手を叩く。
3	Chefara	小さく跳びながら、顔を正面から左斜め下に向ける動作を繰り返す。

4	Chefara	肩を上下に動かしながら体勢を下げていき、左ひざを立ててしゃがみ、右足をつま先立ちの状態で後ろに引く。右足のかかとに座った状態で肩を前後に動かしたり、左足を少しずつ踏み出して反時計回りに全身を動かして後ろを向いたりする。
5	Shubushabo	全身を左右に動かしてリズムを取りながら太鼓を叩く。左手で1回、右手で大きく1回ずつ叩く。
6	Chefara	全身を左右に動かしてリズムを取りながら太鼓を叩く。右手、左手、右手の順で3回叩く。右手は2回とも大きく叩く。
7	Chefara	跳びながら6番と同様に太鼓を叩く。右手は大きく回すように動かす。
8	Chefara	その場で反時計回りにまわりながら6番と同様に太鼓を叩く。右手は大きく回すように動かす。
9	Chefara	上に跳びながら6番と同様に太鼓を叩く。着地したら体を反時計回りにまわしたあと、その場で太鼓を3回叩く。

付録2.12　グラゲの基本的な動作（男性）

No.	名称	動作内容
1	Shubushabo	左右にステップしながら腕を左右同時に前後に振り、腕が前に来たら手を叩く。腕が後ろに行くときはしっかり後ろに引く。
2	Kezaffa	右足のみで立ち、左足を宙に浮かせたまま前後に動かす。左足を前に出す時に両腕を左脚に向けて伸ばす。
3	Shubushabo	腹の前で両手を合わせ、左右の足で交互にステップする。合わせた手を動かす足の側の前方に出す。
4	Chefara	手を組んで前後に動かしながら、右足を前で2回、右足を下げつつ左足を前に出して2回、左足を下げつつ右足前に出すステップを繰り返す。

5	Kezaffa	腕を回すように同時に前に出しつつ、左足を踏み込むのと同時に右足を蹴り出すように前に出す動作を繰り返す。
6	Shubushabo	前かがみになり、前に2歩、後ろに2歩ステップする。腕を左右同時に前後に振り、腕が前に来たら手を叩く。
7	Kezaffa	腕を回すように同時に前に出しつつ、左足を踏み込むのと同時に右足を宙に浮かせて後方で2度動かし、右足を踏み込むのと同時に左足を右足を宙に浮かせて後方で2度動かす。
8	Chefara	上半身を揺らしながら両手を左右交互に胸に置く。体勢をゆっくりと下げていき、両ひざをついて上半身を反らせた状態で、両手の動作を続ける。
9	Chefara	上半身を傾け、両手を合わせて前後に動かす。右足だけで立ち、左脚を宙に浮かせたまま前後に動かす。右足を少しずつずらすようにして、円を描くように動く。
10	Shubushabo	右足で片足立ちになり、小さく跳びながら動作1と同様に、左右の腕を同時に前後に振って手を叩く。
11	Kezaffa	腕を回すように同時に前に出しつつ、左足を踏み込むと同時に右足を蹴り出すように前に出し、つぎに右足を踏み込むと同時に左足を蹴り出すように前に出す。蹴り出す足は胸から腰くらいの高さまで上げる。
12	Guroro	前かがみになり、左足を前に出し、右足を後ろに引いた状態になって連続で手を叩く。手拍子に合わせて喉を鳴らすような声を出す。

付録 2.13　**ソマリの基本的な動作（男性）**

No.	名称	動作内容
1	Shubushabo	顔を左右に振り、両手を波打たせるように動かしながら右足でステップする。
2	Daneto	両腕を胸の高さで前後に動かす。手を胸に引きつけるようにしながら握る動作を繰り返し、ひざをつかって上下にリズムを取る。

3	Shubushabo	右足を前後にステップしながら、右足が前に来たら両手を顔の高さで叩く。4回目のステップで右足、左足、右足の順で前に歩いたあと、顔の高さで1回、前かがみになって1回手を叩く。
4	Shubushabo	左足を前に出し、右足を後ろに引いて、左右の足で交互にステップする。左足でステップする際に胸の高さで手を叩く。
5	Shubushabo	両腕を上に広げるように伸ばし、手を握って開く動作を繰り返しながら、左右の足で交互にステップする。
6	Chefara	ひざを腰の高さまで上げるように左右交互にステップする。足で地面を踏むタイミングで手を叩く。
7	Daneto	両手を胸の高さの位置にして軽く握ったまま、右足、左足で交互に片足立ちをしながら、ひざを使って上下にリズムを取る。
8	Chefara	ひざでリズムを取りながら、右肩、左肩、左肩の順に動かす。顔は動かしている肩の方を向く。
9	Chefara	両手を前に掲げ、手のひらを広げて指先を震わせる。足で左右交互にステップする。
10	Chefara	2人でおこなう動作。向かい合った一方の男性が相手に飛びついて両手で肩を持ち、腰に脚を巻きつける。もう一方の男性が相手の腰を持って支える。その後、飛びついた男性は両腕を離し、上半身が宙に浮いた状態で手を叩きながら背中を反らせる。

付録 2.14　コンソの基本的な動作（男性）

No.	名称	動作内容
1	Shubushabo	前かがみになり、左右の足で交互にステップする。ステップした足と同じ側の腕を下に伸ばす。
2	Chefara	右ひざから下で地面を蹴るようにステップする。ステップに合わせ、左腕を軽く曲げた状態で頭の高さに左手を上げて振る。右手は腰の位置で振る。
3	Shubushabo	右手に棒を持ち、右脇から背中へ通すような状態にしたまま、2番のステップをおこなう。

4	Chefara	3番の動作をしながら、足を踏み込むタイミングで両肩を後ろから前へ動かす。
5	Shubushabo	左右の手に1本ずつ短い棒を持ち、両足で左右交互にステップする。4歩目で左右の棒を打ち鳴らす。
6	Chefara	左右の手に1本ずつ短い棒を持ち、2番のステップをしながら円を描くようにその場で動く。2歩目で左右の棒を打ち鳴らす。
7	Chefara	左右の手に1本ずつ短い棒を持ち、その場で両足で上に跳ぶ。3回めに跳んだ際に右手を腹の位置まで上げる。
8	Chefara	左右の手に1本ずつ短い棒を持ち、2番のステップをする。両腕を頭の上に掲げ、左右の棒を、1歩踏み込む間に2度打ち鳴らす。
9	Derashie	左右の手に1本ずつ短い棒を持つ。左足で片足立ちをしながら右足で1度宙を蹴ったあと地面を踏むステップしたあと、右足で片足立ちをしながら左足で1度宙を蹴って地面を踏む。地面を踏んだタイミングに合わせて左右の棒を打ち鳴らす。
10	Chefara	右の手にのみ短い棒を持つ。上に跳びながら、上半身と下半身を前方に「く」の字のように曲げる。

付録 2.15　ガモの基本的な動作（男性）

No.	名称	動作内容
1	Shubushabo	水平になるように腰の位置で右手に棒を持ち、両腕を同時に上下させる。左右の足を交互にステップする。右足は前後に動かし、左足はその場でステップする。
2	Chefara	水平になるように腰の位置で右手に棒を持ち、顔を左右に傾けながら、左右両側に交互にステップする。右側にステップするときは左足を前に出し、左側にステップするときは右足を前に出す。
3	Chefera	右手に棒を持って頭上に掲げ、左手を顔の前に出して、両腕を前後に動かしながら、左右の足を交互にステップする。曲の区切りなどで、左足を前方に踏み出し、前傾姿勢になって棒を構える体勢になる。

4	Shubushabo	右手に棒を持って頭上に掲げ、腕の曲げ伸ばしで棒を上下させる。左右の足を交互にステップする。右足は大きく踏み込み、左足は小さく動かす。
5	Chefara	体の右斜め前の位置で、両手で棒を持つ。左足で片足跳びをする。右足を踏み込む際に棒を地面に向けて突く（棒の先を地面に着けない）。
6	Chefara	水平になるように右手に棒を持ち、両腕を同時に上下させる。左右の足を交互にステップする。右足はその場で強く踏み込み、左足は小さく動かす。
7	Chefara	右手に棒を持って頭上に掲げ、左手を顔の前に出して、両腕を前後に動かしながら、左右の足を交互にステップする。右側に跳んだ際は右足で着地後に、左、右、左の順でステップし、左側に跳んだ際は、左足で着地後に右、左、右の順でステップする。
8	Chefara	水平になるように腰の位置で右手に棒を持ち、前かがみになる。足を左右交互にステップする。右足で地面を踏んだあとに右足を前に蹴り出し、左足で地面を踏んだあとに左足を前に蹴り出す。
9	Chefara	右手で持った棒を地面に突き立てる。8番のステップで、その場で円を描くように動く。正面を向いた際に、右手の棒を斜め下に向け、左足を前方に踏み込んで、棒を構える。
10	Chefara	7番の動作を1度したのち、棒を腰の位置に下ろして7番と同様のステップを1度する。再度、棒を頭上に掲げて7番の動作をする。
11	Shubushabo	右手で棒を持ち、前かがみになる。足を外側に緩やかに蹴り出すように、左右交互にステップする。4歩目は外側に出した足を浮かしたまま、もう一方の足で、その場で片足跳びをする。

付録 2.16　ウォライタの基本的な動作（男性）

No.	名称	動作内容
1	Chefara	左足を前に出し、胸の前で両手を外側に払うように動かす。左足を前に出したまま歩行する場合もある。
2	Shubushabo	両脚を開き、左右の手を交互に胸の位置にして、外側に払うように動かす。
3	Chefara	両足で跳び、跳んでいる最中に右脚を曲げて左側に向け、元の位置に戻して着地する。着地したら右足でその場でステップしたあと、左足を前に出すようにステップする。
4	Chefara	右手に棒を持ち、両手を同時に上下させながら全身を左右にねじるように動かす。左右の脚を交互にねじるように動かしながら、体勢を低くしていく。
5	Chefara	右手に棒を持ち、両腕を体の前で上下に動かしながら、両脚を閉じて開く動作を繰り返す。
6	Chefara	両足で跳び、跳んでいる最中に横に1回転する。
7	Chefara	両手に棒を持ち、垂直に突き立てる。その場で両足同時に左右にステップした後、上に跳ぶ。跳んでいる最中に両ひざを開いて高く上げる。
8	Chefara	右手に棒を持ち、両手を肩の高さで払うように動かす。右足で片足立ちの状態で小さく跳びながら、左脚を大きく上下に動かす。左足は地面に着けない。
9	Chefara	右手に棒を持ち、両手を肩の高さで払うように動かす。右足で片足立ちの状態で小さく跳びながら、左脚を大きく左右に動かす。左足は地面に着けない。
10	Chefara	右手に棒を持ち、両ひざを開いて曲げた状態で体勢を落とし、円を描くように腰を動かす。
11	Chefara	両手で棒を持って地面に突き立てる。左脚を前、右脚を後ろに大きく開き、腰を前後に動かしながら少しずつ体勢を下げていき、両ひざを地面に着く。
12	Chefara	両手を肩の高さで、右側に向けて払うように動かす。両ひざを閉じて、ねじるように右側に動かす。
13	Chefara	両手を腰の高さで、左右交互に上下に動かしながら、その場で左右交互に4歩ステップした後、上半身を起こし、右手を顔の高さに上げ、左手を腰に当てる。

14	Chefara	両手を肩の高さで、前側に向けて払うように動かす。両脚を開き、左右交互にステップしながら反時計回りに円を描くように動く。右足は強く踏み込み、左足は小さく動かす。
15	Chefara	（女性と一緒に）2番のステップの後、右斜前に左脚を蹴り出すようにしながら跳ぶ。右脚を後ろに戻し、左右交互にステップした後、右足を大きく右側に踏み出しながら、右腕を顔の前に上げて顔を右に向ける。
16	Chefara	右手に持った棒を地面に突き立て、左右の脚を閉じ、左右同時にねじるように動かす。脚の動きに合わせてあごを前に突き出すように前後に動かす。

付録2.17　ゴファの基本的な動作（男性）

No.	名称	動作内容
1	Chefara	右足2回、左足2回ずつ、交互にステップする。右足の1歩目は強く踏み込む。手のひらを上向けに軽く握り、ステップした側の腕を下に動かす。
2	Shubushabo	顔を左右に振りながら、左右交互の足を前に出してステップする。1歩目で右足を前に出しながら左足で1歩小さくその場で跳び、2歩目は右足を前に出したまま、左足で小さくステップする。左右の足を入れ替えて同様の動作をおこなう。
3	Chefara	その場で上に両足で跳び、着地と同時に上半身を左側にねじるように動かしながら右拳を腰の前で動かす。体勢を元に戻しながら、左の拳を腰の前で動かす。
4	Chefara	（女性と一緒に）両手を女性の両肩に当てながら、左右に2回ずつ移動しながら、左右の足を交互にステップする。2回めの移動時にはステップに合わせて顔を進行方向に動かしたり、腰を前に動かしたりする。

付録 2.18　アファルの基本的な動作（男性）

No.	名称	動作内容
1	Shubushabo	右手に棒を持ち、肩の高さまで上げて水平にする。足を左右交互にステップする。
2	Chefara	左手で棒を持ち、左脇に棒を挟む。右側に跳ぶときは右足を大きく上にあげながら跳び、右足が着地したあと、素早く左足、右足の順にステップする。左側に跳ぶときは左足、右足、左足の順にステップする。
3	Shubushabo	左脇に棒を挟み、両手で手拍子しながら左右の足を交互にその場でステップする。右足は強く踏み込む。
4	Chefara	左脇に棒を挟み、両手で手拍子しながら両足で上に跳ぶ。
5	Shubushabo	左手で棒を持ち、左脇に棒を挟む。右手を広げて頭上にかざす。右脚を曲げたあとに右斜め前に踏み出し、つぎに左脚を曲げたあとに左斜め前に踏み出す。
6	Keikei	左手で棒を持ち、左脇に棒を挟む。右手を広げて頭上にかざす。右手を上下に動かしながら、右脚を曲げてひざを前に出して円を描くように動かしながらその場で足を踏み込む。つぎに左脚でも同じ動作をおこなう。
7	Shubushabo	右手を腹に当て、左右の足を交互にステップする。ステップする際はひざを大きく曲げて踏み込む。
8	Chefara	両手を腹の前で、前に払うように前後させながら、右足を宙に浮かせた状態で2回曲げ伸ばしする。足は地面に着けない。次に左足でも同じ動作をおこなう。
9	KeiKei	6番の動作をおこないながら、体の向きを90度右または左に向ける。

付録 2.19　コナマの基本的な動作（男性）

No.	名称	動作内容
1	Shubushabo	右手の人差し指を伸ばして頭上に上げ、左右交互にステップする。

2	Chefara	胸の前で両腕を広げるように動かしながら、左足で2歩後ろに蹴り出すようにステップして3歩目はその場で、両足で小さく跳ぶ。同じ動作を右足でもおこなう。
3	Shubushabo	腰の位置で両手を握り、両脚をねじるように動かす。両脚を動かした側の手を上下に動かし、顔を斜め下にその方向を向く。
4	Chefara	右手の人差し指を伸ばして頭上に上げ、左足で片足立ちの状態で、その場で2回小さく跳ぶ。その間に、右脚を前方で円を描くように動かす。
5	Chefara	両腕を前後に振りながら、右足、左足、右足の順にステップする。1歩目を強く踏み込む。
6	Shubushabo	両脚を広げ、右を向いて、肩を小さく動かしながら両手を前に払うように2回動かす。3回めで正面を向き、同じ動作を左を向いておこなう。
7	Chefara	右手の人差し指を伸ばして頭上に上げ、左足を前に出した状態で7拍子の間、全身でリズムを取る。8拍子目で右足を1歩強く踏んだ後、左足で片足立ちになって、4拍子で半円を描くように後ろを向く。後ろを向いた状態から、右足を踏み出して前向きにもどる。
8	Chefara	右手の人差し指を伸ばして頭上に上げ、左右の足で交互にステップする。右足を後ろに蹴り出すように動かし、左足はその場で小さく踏み込む。
9	Chefara	両足で前後に跳ぶ。跳ぶ際に両腕を後ろに引き、着地に合わせて両腕を前に振る。

付録 2.20　ハラリの基本的な動作（男性）

No.	名称	動作内容
1	Shubushabo	両手を胸の前で握った状態で、頭を左右に傾けながら足を左右交互にステップする。
2	Chefara	右足を上げながら左足を1回、右足を上げきった状態で左足を1回踏む。2回めのステップの際に、顔は上げた足の方を向いて、1回手拍子する。同じ動作を足を替えておこなう。女性と向き合ってこの動作をおこなう場合は、顔はつねに前を向いて女性を見るようにする。

3	Chefara	胸の前で、両手を上向きに半円を描くように動かしながら足を左右交互にステップする。
4	Chefara	右手の指を伸ばしてほほに当てる。右腕は脇を開けた状態にする。左手を斜め下方向に伸ばし、左右の足で交互にステップする。
5	Chefara	右足で片足立ちになって、その場で2回上に跳ぶ。跳ぶ際に前傾姿勢になり、左脚を後ろに伸ばして浮かせる。右手を前に出し、跳ぶタイミングに合わせて上下に動かす。
6	Chefara	両手を胸の前に置き、ひざを少し曲げて、足を左右交互に小さくステップする。立ち止まったらひざを伸ばす。

付録 2.21　ハメレの基本的な動作（男性）

No.	名称	動作内容
1	Chefara	両手を人差し指を伸ばした状態で胸の位置に着け、両ひざでリズムを取りながら、2拍に1回、両足で上に跳ぶ。
2	Chefara	両手を人差し指を伸ばした状態で胸の位置に着け、両足で上に2回跳ぶ。3回めは着地の際に左脚を後ろに曲げ、顔を左下に向ける。
3	Chefara	1番の動作で、より高く上に跳ぶ。跳んだ際に両脚を後ろに曲げる。
4	Chefara	右手を胸に当て、その場で上に小さく跳びながら体を左右に動かす。跳ぶタイミングに合わせて胸を突き出す。
5	Chefara	右手を胸に当て、足を左右交互に、ひざを大きく上げるようにステップする。ステップに合わせて顔を上下する。
6	Chefara	両手を腰の位置にして、2回その場で跳んだあと、3回めは左斜め前に左足を出すように跳ぶ。
7	Chefara	1番の動作を女性といっしょにおこなう。顔は前を向くようにする。

付録 2.22　ガンベラの基本的な動作（男性）

No.	名称	動作内容
1	Chefara	左右の足で交互にステップしながら、左のひじを上下に動かす。左足は強く踏み込む。
2	Shubushabo and Chefara	1 の動作をしながら、上半身を倒すのと起こすのを繰り返す。
3	Chefara	前かがみになり、左右の腕を同時に後ろから前へ払うように動かしながら、左右にステップする。
4	Chefara	右足を前に出し、右足を左右にステップしながら左のひじを上下に動かす。
5	Chefara	両腕を後ろへ引き、胸の前に持ってくる動作を繰り返しながら、左右の足を交互にステップする。左の足を強く踏み込む。
6	Chefara	うつ伏せになり、両腕と両つま先で体を支える。腕とつま先を使って跳びながら、円を描くように動く。
7	Chefara	手を腰の位置にして、左右にステップする。動く方向の足を強く踏み込みながら、反対側の足のつま先を外側に向け、顔を動く方向に向ける。
8	Chefara	右足を前に出し、前かがみになる。右腕を上げ、頭の後ろで前後に動かしながら、両足で小さく跳んで円を描くように動く。
9	Chefara	上半身を反らせ、左右の腕を下から上へ回すように動かしながら、両足で小さく跳ぶ。
10	Chefara	両手を胸の位置にして、両ひじを外側に向けて上下に動かしながら、左右の足で交互にステップする。
11	Chefara	左手を胸の位置にして左ひじを上下に動かしながら両足で左右に小さく跳ぶ。顔を下と左側に交互に動かす。

付録 2.23　シダマの基本的な動作（男性）

No.	名称	動作内容
1	Shubushabo	右手に棒を立てて持ち、右肩に担ぐ。左右の足を交互にステップしながら両腕を同時に前後させる。腕を前に出す際に顔を下げ、腕を後ろに惹く際に顔を上げる。

2	Chefara	棒を両手で立てて持ち、右肩に担ぐ。片方の足で前後にステップしたあと、もう一方の足で前後にステップする。
3	Hano	右手に持った棒を地面に突き立てた状態で、女性と向かい合い、左足を前に踏み出して、相手のあごに自分のあごを重ねて顔を左右に動かす。
4	Kemtara	右手の棒で地面を突きながら、前傾姿勢になって顔を突き出す動作と、背筋を伸ばして両腕を前に伸ばす動作を交互におこなう。左右の足を交互にステップする。
5	Hano	右手に持った棒を地面に突き立てた状態で、女性と向かい合い、左足を前に出し、左手で女性の肩を抱く。曲に合わせ、上半身を左右、または前後に動かす。
6	Kemtara	棒を両手で立てて持ち、右肩に担ぐ。両脚を開いて立ち、左右の足で交互にステップする。ステップに合わせて首と両腕を動かす。
7	Kemtara	棒を右手で持ち、振り上げるのと地面に突き立てるのを繰り返しながら、左右の足で交互にステップする。
8	Kemtara	右手に棒を立てて持ち、右肩に担ぐ。両脚を開いて前かがみになって体勢を低くし、頭を前後に動かす。
9	Hano	右手に棒を立てて持ち、右肩に担ぐ。全身でリズムを取り、右足を3歩その場で踏みこむのに合わせて顔を前後に動かす。
10	Hano	両手で棒を持ち、足を右、左の順に、交互に6回ステップする。7回目で右足を上げ、1拍子止める。

付録 2.24　カファの基本的な動作（男性）

No.	名称	動作内容
1	Shubushabo	体を右斜め前、左斜めに交互に向くように両足で跳ぶ。両腕は体の向きと反対の方向に振る。
2	Chefara	前かがみになり、両足で小さく跳びながら顔を上下に動かす。
3	Chefara	前かがみになり、両足で小さく跳びながら両腕を半円を描くように左右に動かす。腕が横に来たら脇を占めて手を胸元に引きつけながら上半身を起こす。

4	Chefara	両腕を左右に動かしながら、その場で両足で小さく3回跳ぶ。少しずつ体勢を下げていき、3回めで立ち上がる。
5	Chefara	左右に半円を描くように両足で小さく跳ぶ。進行方向の側の腕を頭の後ろにして、もう片方の手を前斜め下に向ける。
6	Chefara	両脚を揃えてひざを曲げ、前かがみになる。両足で小さく左右に跳ぶ。跳ぶ方向に向け、腰の位置で両手を前に出しながら手を叩く。
7	Chefara	女性と向かい合い、両腕を左右に振りながら、左右の足でステップする。お互いに体を時計回りに動かしながら前に3歩進み、立ち位置を入れ替える。
8	Chefara	前かがみになり、両脚を開き、左右の足で同時に小さく上に跳ぶ。左右の腕を下に伸ばし、交互に上から下へ動かす。顔を下へ動かした腕の方へ向ける。
9	Shubushabo and Chefara	全身でリズムを取りながら、2拍子ずつ、左右の腕を交互に前へ伸ばす。
10	Chefara	2人で踊るダンス。両腕を広げた状態で、左右の足で同時に小さく跳びながら円を描くように動く。

付録 2.25 テンベンの基本的な動作（男性）

No.	名称	動作内容
1	Shubushabo	前かがみになって右腕を腰に回す。左腕を斜め下に向けて左右に振る。左足を前に出し、左右の足を交互にステップする。右足はその場で小さく踏み、左足は前に蹴り出すようにした後、もとの位置にもどすように動かす。
2	Chefara	両足で半円を描くように跳ぶ。跳ぶ方向の側の足を先に着き、次にもう一方の足を踏み込むように着地する。跳んだ方向と反対側の腕を水平に伸ばし、跳ぶ方向に向けて振る。
3	Shubushabo	太鼓を持ち、体を左右に振りながら太鼓を3回叩く。足は1番と同じステップをする。

No.	名称	動作内容
4	Chefara	太鼓を持ち、左右に大きくステップしながら太鼓を5回叩く。跳ぶ方向の側の足を蹴り出すように前に出して先に着き、次にもう一方の足を踏み込むように着地する。
5	Chefara	女性といっしょに踊る。左右に大きくステップしながら、跳ぶ側の腕を上から下へ円を描くように動かす。右へ移動する際は、1歩目は左足、2歩目は右足を着き、3歩目は右足を上げながら左足はその場で小さく跳ぶ。左へ移動する際はその逆の動かし方をする。
6	Chefara	両ひざを曲げて腰を落とした状態で、左右に半円を描くように両足で跳ぶ。跳んだ方向と反対側の腕を水平に伸ばし、跳ぶ方向に向けて振る。
7	Chefara	両ひざを地面に着き、上半身を反らした状態で、上半身を左右交互に振りながら肩を上下に動かす。顔を振った方向とは逆の方に向ける。
8	Chefara	両腕を広げて斜め上を向き、両腕左右に動かす。左足を前に出し、左足、右足、左足の順でステップしながら円を描くように動く。
9	Shubushabo	前かがみになり、左右に移動しながら、足を左右交互にステップする。右に移動する際は左足を前に出しながら、左腕を下から上へ動かす。左に移動する際はその逆の動作をおこなう。

付録 2.26　グムズの基本的な動作（男性）

No.	名称	動作内容
1	Shubushabo	足を左右交互に小さくステップする。踏み込んだ側に腰の前で両手を振り、顔も手と同じ方向を向く。
2	Chefara	両脚を開き、右手の人差し指を伸ばして頭上に掲げる。全身でリズムを取りながら両足で小さくステップする。
3	Chefara	背中を反らせてひざを曲げ、両手を尻の位置で振りながら左右に移動する。
4	Chefara	1番のステップで、踏み込んだ側に移動する。移動は左へ3度、右へ3度おこなう。

| 5 | Chefara | 右手を頭の右斜め上に掲げて上下に振りながら、右足を強く踏み込む動作を繰り返す。 |

付録 2.27　バルタの基本的な動作（男性）

No.	名称	動作内容
1	Shubushabo	右手を頭上に掲げ、左右の足を交互に、前へ蹴り出すようにステップする。
2	Chefara	やや前かがみになり、両手を胸の前で握り、顔を右下に向ける。右足のかかとを地面に着けてつま先を浮かせ、右足のつま先を左右に動かしながら右に移動する。
3	Shubushabo	両腕を肩の高さに上げて上下させながら、左右の足で交互にステップする。ステップする側の足は後ろに曲げたあとに前に蹴り出すように動かす。
4	Chefara	前かがみになり、両手を胸の前で握って顔を下に向ける。両足で交互に小さくステップしながら、その場で円を描くように動く。ステップに合わせて右手を上下に動かす。
5	Chefara	左右の足を外に蹴り出すように動かしながら、交互にステップする。
6	Chefara	前かがみになり、足で交互に小さくステップしながら、両腕を腹の前と斜め後ろへ動かすのを繰り返す。腕を後ろに動かす際は顔を右に向け、腹の前で動かす際は左に向ける。ステップは左足を強く踏み込む。
7	Chefara	腕を握って左右交互に前後に振りながら、足で交互に小さくステップする。ステップは左足を強く踏み込む。
8	Chefara	両足で小さく交互にステップしながら半円を描くように動く。両手を腰の高さで進行方向に向けて動かす。
9	Chefara	両手を腹の前に当て、横方向に移動する。移動する側の足をつま先立ちの状態にして左右に動かしながら、顔を移動する側に向ける。
10	Chefara	女性といっしょに踊る。左足を前に出し、身を乗り出して見下ろすような姿勢になり、右腕を頭上に掲げて振る。

付録 2.28　コレの基本的な動作（男性）

No.	名称	動作内容
1	Shubushabo	右手に木の枝を持ち、手を胸の高さにして立てた状態にする。1歩目で右足を前に踏み出し、2歩目で左足をその場で踏み、3歩目で右足を後ろにもどす。
2	Shubushabo	右手に木の枝を持ち、手を胸の高さにして立てた状態にする。1歩目で右足を前に踏み出しながら顔を右に突き出すように動かしながら右手を左へ動かす。2歩目で左足をその場で踏みながら顔を正面に向ける、3歩目で右足を後ろにもどす。右手は2歩目と3歩目で2回に分けて右に動かして、もとの位置にもどす。
3	Chefara	右手に木の枝を持ち、手を胸の高さにして立てた状態にする。左足を前に出し、両足で前に3歩、つぎに後ろに3歩小さく跳んで移動する。
4	Chefara	右手に棒を持ち、手を腰の高さにして立てた状態にする。右足のかかとでステップしながら肩を前後に小さく動かしてリズムを取る。3回のステップでひざを少しずつ曲げることで体勢を低くしていき、4回めでもとの状態にもどす。右手の棒は浮かしたままにする場合と、地面に着ける場合がある。
5	Chefara	右手に木の枝を持ち、手を胸の高さにして立てた状態にする。1歩目は右足を前に踏み出し、2歩目は左足をその場で踏み、3歩目は右足を後ろにもどしながら踏む。4歩目で左足をその場で踏むのと同時に、右手の枝を上にあげて、顔を上に向ける。
6	Chefara	右手に棒を持つ。ひざを曲げて体勢を低くし、左足を前に出す。両足でその場で3度小さく上に跳びながら、棒を立てたままで、右腕を1歩目で右、2歩目で左に伸ばし、3歩目で正面の位置に棒が来るようにする。
7	Chefara	右手に棒を持ち、手を胸の高さにして立てた状態にする。左足を前に出し、両足で前に3歩、つぎに後ろに3歩小さく跳んで移動する。移動のタイミングに合わせて両腕を上下に動かす。

付録2.29　イェムの基本的な動作（男性）

No.	名称	動作内容
1	Shubushabo	両手を胸の高さにして、脚を開いて左右に移動する。右に移動する場合、1歩目はその場で両足で小さく跳びながら上半身と両足を右に向け、2歩目で左足をその場で踏み、3歩目で右足を右側に踏み込む。
2	Chefara	両腕を上げて前後に跳ぶ。前に跳ぶ際は上半身を起こしながら、左足、右足の順で前に出す。後ろに跳ぶ際は体を前かがみにしながら、左足、右足の順で後ろにもどす。
3	Shubushabo	上半身を上下に揺らして3拍子のリズムを取りながら、その場で右足を踏み込む。1拍で右脚を後ろに曲げ、2拍で右足を踏み込む。3拍で両ひざを曲げてリズムを取る。
4	Shubushabo	3拍子のリズムで、1拍は左足で右側にステップしながら右腕を曲げた状態で顔の高さに上げ、2拍は右足で右側にステップし、3拍で両足で小さく跳んで、右腕を下ろしながら足をもとの位置にもどす。
5	Shubushabo and Chefara	牛の角をイメージして、両腕を頭の上に伸ばす。4番の動作と同じ足の使い方で前後左右に動く。
6	Chefara	右腕と左腕を、腹の前で円を描くように動かしながら左右に移動する。右に移動する場合、両腕は時計回りに動かす。1歩目はひざを大きく曲げて右足を踏み込み、2歩目は左足で小さくステップする。左に動く場合、腕は反時計回りにして、左足、右足の順でステップする。
7	Chefara	両手を腹の前に出し、3拍子のリズムで、右足を前に出した状態で円を描くように移動する。1拍で左足を円の中心で小さく動かし、2拍で右足を大きく踏み込んで全身する。3拍は両足を着いたまま、両ひざを回すように動かす。

付録 2.30　アリの基本的な動作（男性）

No.	名称	動作内容
1	Shubushabo and Chefara	両腕を前方に伸ばし、人差し指を伸ばす。肩の動きのみを使って両手が交互に、前後に動くようにする。この動作は歩行する場合としない場のいずれでも使う。
2	Chefara	両手を腰に当て、やや前かがみになる。右足を前に出す動作を中心に、両足でステップする。リズムに合わせ、腰を相手に当てるように動かしたり、右足を宙に浮かせて動かしたり、腰を浮かせるように動かしたりする動作を加える。
3	Chefara	両腕を水平に伸ばし、右から左へ円を描くようにしながら動かした後、両手を胸元に引きつけるようにして両腕を曲げる。再度両腕を伸ばし、左から右へ腕を動かす。この動作を繰り返す。
4	Chefara	両腕を下方または斜め下に向け、人差し指を伸ばす。肩の動きのみを使って両手を前後に、交互に動かすようにする。

謝辞

本書は 2020 年に京都大学大学院アジア・アフリカ地域研究研究科に提出した博士論文「エチオピアにおける伝統的ダンスの継承と新たな表現の創造」を改稿したものです。本書の完成にあたり、多くの方のご支援をいただきました。

本書にかかわる研究は、2017 年度、2018 年度京都大学附属次世代型アジア・アフリカ教育研究センターエクスプローラープログラムの支援を得ておこなわれました。

主指導教員の重田眞義先生、副指導教員の金子守恵先生、木村大治先生、博士論文副査の高橋基樹先生からは、丁寧なご指導と励ましをいただきました。博士論文が完成に至ったのは、先生方のご助力の賜物です。立命館大学産業社会学部名誉教授の遠藤保子先生は、私をアフリカのダンス研究に導いてくださいました。調査にかんするアドバイスと励ましをいただき、さらに博士論文では専門委員として審査に加わっていただきました。

本研究の調査にあたり、エチオピアのアディスアベバ大学エチオピア研究所の研究員として所属しました。研究所の方々のご協力により、調査を安全かつスムーズにおこなえました。同大学の社会人類学部准教授のゲタネ・メハリ先生にはカウンターパートとして研究をサポートしていただき、さらに研究へのアドバイスや調査協力者の紹介など、多岐にわたってご助力をいただきました。同大学教育学部のウベ・カサイエ先生には、調査にご協力していただきながら、研究へのアドバイスとご助力をいただきました。

エチオピア国立劇場では伝統音楽部門ディレクターのウェセニェレフ・レガタシュさんをはじめ、メンバー全員からの手厚いサポートとご協力を得ながら調査を進めることができました。2015 年にエチオピアでの調査を開始して以来、調査協力者として私を支えてくれたケベロ奏者でバンドマスターでもあるゼリフン・ベケレさん、ダンサーのサムソン・アレムさんには、深く感謝の意を表します。ダンス部門のウェグデラス・デベネ・タッセさんは、調査にご協力いただいたうえ、私のダンスの先生として多くのことを教えてくださいました。

アディスアベバ市内のヨッド・アビシニア、2000 ハベシャ、キャピタルホテルの各店舗のディレクターの方々からは調査許可をいただき、撮影や聞き取り調査にもご協力いただきました。スタッフやキャストの方々からも、多忙な業務のなかで、私の研究へのご理解とご協力を賜りました。

ここでは全員の名前を挙げられませんが、京都大学大学院アジア・アフリカ地域研究研究科の先生方と院生の皆さん、立命館大学の遠藤研究室の OB、OG、院生の皆さんからは、多くのアドバイスをいただきました。

　日本スポーツ人類学会の先生方からは、本研究にかんする重要なアドバイスを数多くいただきました。静岡産業大学の寒川恒夫先生、東京学芸大学の神戸周先生、和洋女子大学の弓削田綾乃先生、鳥取大学の瀬戸邦弘先生、フェリス女学院大学の高橋京子先生、埼玉大学の中嶋哲也先生、富山大学の田邉元先生からは研究にかんする重要なアドバイスをいただき、本研究の執筆に活かすことができました。

　本書を作るにあたり、池田あいのさんと萩原卓也さんにご協力をいただきました。

　本研究は、数多くの方々のご支援とご指導により完成に至りました。ここに、深く感謝の意を表します。ありがとうございました。

京都大学アフリカ研究シリーズの刊行にあたって

　京都大学アフリカ地域研究資料センターは、1986 年に我が国初の総合的なアフリカ研究機関として設立されたアフリカ地域研究センターを前進とする研究機関です。設立以来、アフリカ地域を対象とする学術研究の拠点として、アフリカセンターの愛称で親しまれてきました。

　現代アフリカは、自然、社会、文化、政治、経済等、すべての領域で大きな変貌をとげつつあります。地球上でアフリカの占める位置とその果たす役割はますます重要になっていくと予想されます。アフリカの存在意義がさまざまな場面で問われようとする時代にあって、私たちはアフリカと向き合い、アフリカについて学びつつ、同時代人として共に生きるという姿勢を常に保っていきたいと考えています。

　このような想いのもと、若きアフリカ研究者が京都大学で続々と育っています。本シリーズは、意欲的な若手研究者たちの轍密なフィールドワークと斬新な分析による研究成果を広く世に問うことをめざし、アフリカセンターの設立 25 周年を記念して 2010 年度京都大学総長裁量経費（若手出版助成）の支援をうけて創刊されました。

2011 年 2 月

京都大学アフリカ地域研究資料センター

相原 進

1975 年和歌山県生まれ。京都大学大学院アジア・アフリカ地域研究研究科修了。博士（地域研究）。2021 年 4 月より京都大学大学院アジア・アフリカ地域研究研究科特定研究員。四天王寺大学、阪南大学非常勤講師。もともと日本の大道芸や民俗芸能の調査研究に取り組んでおり、2011 年からはエチオピア、ガーナ、ナイジェリア、ケニア、タンザニアのダンスにかんする研究を継続している。おもな著書・論文に『無形文化財の伝承・記録・教育－アフリカの舞踊を事例として』（遠藤保子・相原進・高橋京子共編著、文理閣、2014 年）、『映像で学ぶ舞踊学－多様な民族と文化・社会・教育から考える』（遠藤保子監修・弓削田綾乃・高橋京子・瀬戸邦弘・相原進共編著、大修館書店、2020 年）、「アフリカにおける舞踊とツーリズム－タンザニアを事例に」（『スポーツ人類學研究』18 号 pp.11-20、2016 年）、「エチオピアの舞踊特性と舞踊のデジタル記録・解析・考察（上）（下）」（相原進・遠藤保子・野田章子共著、『立命館大学産業社会論集』52 巻 3 号 pp.93-113、52 巻 4 号 pp.97-115、2016-2017 年）など。

Susumu Aihara

Aihara Susumu is a research fellow at the Graduate School of Asian and African Area Studies, Kyoto University. Born in 1975 in Wakayama, Japan. He received his Ph.D in area studies from the Graduate School of Asian and African Area Studies, Kyoto University in 2020. He has been conducting research on street performance and folk performing arts in Japan. And he started research about dance in Africa from 2011. He has been conducting research in Ethiopia, Ghana, Nigeria, Kenya, and Tanzania.

京都大学アフリカ研究シリーズ 027

ダンス・イン・エチオピア
ー伝統的ダンスにおけるダンサーたちの創造と実践ー

2021 年 3 月 30 日 初版発行
著者 相原 進
発行者 松香堂書店
発行所 京都大学アフリカ地域研究資料センター
〒606-8503 京都市左京区吉田下阿達町46
TEL：075-753-7800
Email：caas@jambo.africa.kyoto-u.ac.jp